Iris

Susanne Weber

Iris

Die besten Arten und Sorten für den Garten

107 Farbfotos
17 Zeichnungen und Pflanzpläne

E.U.
VERLAG
EUGEN
ULMER

Vorwort

Dieses kleine Buch für Gartenfreunde soll helfen, die Kenntnis und den Umgang mit Iris zu vertiefen, bei Sortenauswahl und Benachbarung beraten und die Freude an dieser so vielfältigen Staude wecken. Es umfaßt vor allem die große Gruppe der Bartiris und die Iris der Sibirica- und der Spuria-Gruppe, die in Mitteleuropa problemlos in allen Gärten gedeihen. Viele schöne und seltene andere Arten und Züchtungen sind bewußt ausgelassen. Wer sich dafür interessiert und eine wissenschaftliche botanische Einteilung sucht, findet sie in dem Buch „Iris" von Dr. Köhlein und in dem im März 1996 erschienenen Buch „L'Iris une fleur royale" von dem weltweit anerkannten Züchter Richard Cayeux. Ich bin mir bewußt, daß ein Buch über Iris nur eine begrenzte Sortenauswahl enthalten kann, auch wird der eine oder andere seine Lieblingssorte vermissen. Ich bitte um Verständnis, daß bei über 1000 registrierten Neuheiten allein 1995 die Auswahl eine sehr persönliche ist.

Mein Buch soll auch ein nachträglicher Dank sein an meine Lehrmeisterin Frau Helen von Stein-Zeppelin, mit der ich 47 Jahre lang gearbeitet und von der ich unendlich viel gelernt habe. Sie erneuerte nach dem Krieg die Freundschaft außer mit den deutschen Kollegen mit den Züchtern weltweit. In England waren es damals neben anderen Mr. Taylor, Mrs. Anley, das Ehepaar Brummitt, in den USA die Familie Robert Schreiner, Ben Hager, Bee Warburton, Dr. McEwen und Dr.

Foto Seite 2:
Eine Irisfarbskala von Weiß über Lila und Blau mit Pfingstrosen und erstem Rittersporn.

Links: Bunte Iris mit leuchtenden Lupinen. Hier stehen die Päonien und hohen Lilien schon in den Startlöchern für den Juniflor.

'Eastertime' - eine spät blühende Sorte. Früh, in derselben Farbe, ist 'Baroque Prelude'.

McGarvey und viele andere und in Frankreich Dr. Simonet und vor allem Jean Cayeux. In Rußland bestanden enge Verbindungen zu Professor Rodionenko und in Prag-Pruhonice zu Dr. Milan Blazek. Bei Besuchen hier lernte ich viele von ihnen kennen und traf einige in Oregon 1994 wieder.

Danken möchte ich allen, die mir bei Fragen bereitwillig Auskunft gaben, den Mitgliedern der Irisgruppe in der Gesellschaft der Staudenfreunde, den Freunden in der American Iris Society, Dr. Blazek in Pruhonice, Mrs. Tubbs in England und den italienischen Freunden, bei denen ich zweimal als Preisrichterin eingeladen war und dadurch nicht nur neuen Sorten, sondern auch internationalen Iriskennern begegnete.

Als ganz unerfahrene Autorin möchte ich auch den Mitarbeitern des Verlages für ihre Anregungen und Hilfe danken.

Laufen, im August 1996 Susanne Weber

Iris regeliocyclus 'Dardanus' bekommt man manchmal im Blumenzwiebelhandel. Sie braucht wie alle Arils besondere Pflege und Sommertrockenheit. ▷

Inhaltsverzeichnis

Iris – Göttin des Regenbogens

Ein Eindruck der Regenbogen-Symphonie Ende Mai auf den Irisfeldern der Gärtnerei Gräfin von Zeppelin im südbadischen Laufen.

Unter allen Blumen gibt es wohl keine, die die Farbenvielfalt in den tausend Nuancen der Iris erreicht. Es sind nicht nur die klaren Farben in allen Schattierungen von Weiß über Creme, Gelb, Ocker, Orange bis Dunkelbraun und Ochsenblutrot, von zartestem Lila, Rosa über Hellblau, Mittelblau, Pflaumen- und Veilchenviolett bis fast Schwarz. Es sind die Zeichnungen und die Substanz von zarter Seide bis lederartigem Samt, von Silber- oder Goldpuder auf den Blütenblättern, die der Iris die unvergleichliche Eleganz verleihen und die Züchter in aller Welt zu immer neuen Kreationen anregen. Die Farbe, die fehlt, ist Signalrot. Die Erbanlagen dafür sind angeblich nicht vorhanden; ich kann mir eine mohnrote Iris nicht vorstellen! Aber nicht nur wegen der Farben, sondern auch durch die einzigartige dreigeteilte Blüte und Frucht wurde sie durch die Jahrhunderte in Religion und Kunst neben Lilien und Rosen als Symbol verwendet. In den USA, wo heute am intensivsten gezüchtet wird – nicht nur von Fachleuten, sondern auch von sehr vielen Hobbygärtnern – ist die Iris nach der Rose die beliebteste Blume. Karl Foerster nannte sie „die feierlichste Frühlingsblume".

Iris basaltica aus der Susiana-Gruppe gehört zu den von Borchardt beschriebenen Iriswundern, die die asiatischen Völker den Pharaonen als Landestribut darbrachten.

Aus der Kulturgeschichte der Iris

Erste Darstellungen von Iris finden sich bereits im 17. Jahrhundert v. Chr. Im Palast von Knossos auf Kreta entstand in dieser Zeit eine Wandmalerei, auf der ein königlicher Prinz durch ein Irisfeld schreitet. Die Samenkapseln der abgebildeten Iris lassen auf eine Zwiebeliris *(Iris xiphium)* schließen, die entlang der nordafrikanischen Küste wuchsen. Auch aus Ägypten gibt es alte Zeugnisse zur Wertschätzung der Iris. Von Thutmosis I. ist überliefert, daß er Zwiebeln und Knollen der Iris von seinen Feldzügen nach Syrien als Kriegsbeute mitbrachte. Das große Pflanzenrelief im inneren Bereich des Tempels von Karnak zeigt neben anderen Pflanzen eine *Iris orientalis.* Thutmosis III. hielt bei seinem Triumphzug – wiederum nach einem Sieg über die Syrer – eine Iris in der Hand. Seitdem galt sie den Ägyptern als Zeichen des Sieges. Man findet sie in der altägyptischen Kunst immer wieder auf Tempelwänden, Statuen und Pharaonenszeptern. Auch auf der Tutenchamun-Ausstellung von 1980/81 in München konnte ich die Iris auf einem Köcher und einem Bildschrein entdecken.

Rudolf Borchardt schreibt in seinem Buch „Der leidenschaftliche Gärtner": „Die Iriswunder der Regelia-Oncocyclus-Klasse, enorme Gebilde von einer sonst unerhörten Farbenskala aus Kobalt und Olive, Schwarz und Rosig, Braun und Blaugrün, Silbergrau und Purpur – wir kultivieren von ihr nur eine einzige „leichte Art" *Iris susiana*, die Dame in Trauer. Sie sind persische Wildpflanzen und ganz so fabelhaft, wie sie auf Perserteppichen verblüffen. Sie waren so berühmt, daß vorderasiatische, kriegsgefangene Völker sie, nach Ausweis der Wandgemälde, den Pharaonen als Landestribut darbringen konnten. Sie lassen sich außerhalb ihrer Heimat nur mit größter Schwierigkeit bauen und erhalten."

Im dritten Jahrhundert vor Christus erwähnt der griechische Philosoph und Botaniker Theophrastus die Iris in seinem Werk über die Einteilung der Pflanzen. Hier handelt es sich um *Iris pallida*, die hauptsächlich in Italien und im ehemaligen Jugoslawien vorkommt. Die Griechen brauchten sie damals zur Parfümgewinnung aus den Rhizomen. Einige hundert Jahre später verfaßte der Grieche Dioscorides eine Zusammenstellung von Heilpflanzen, die eine Liste von Iris enthält. Er schrieb dazu, daß Iris gegen Sommersprossen, zur Heilung von Geschwüren, zur Verjüngung der Haut und als Schlafmittel zu verwenden sind. Auch die Gynäkologen benützen die Extrakte. So kam Dioscorides zu dem Schluß: „Iris sind allgemein sehr nützlich."

Die Griechen nahmen Irisrhizome und Irisparfüm mit auf ihre Eroberungszüge, was man auf den Spuren Alexanders des Großen verfolgen kann. Wir kennen *Iris mesopotamica*, *Iris kashmiriana*, *Iris trojana*, *Iris cypriana*, deren Artnamen das Vorkommen beschreiben. Doch bei diesen geographischen Plätzen handelt es sich nicht um Naturstandorte. Die Konzentration auf kleine Standorte läßt vermuten, daß sie durch Menschen dort hinkamen, naheliegend, da sich die Rhizome monatelang im Sattelgepäck transportieren lassen. Zur Zeit um Christi Geburt waren viele Bartiris um das Mittelmeer verbreitet. Die Römer würzten damit ihren Wein und warfen getrocknete Rhizomstücke in die Glut, damit Wohlgeruch durch die Räume zog.

In Mitteleuropa finden wir um 840 n.Chr. die ersten Darstellungen von Iris im „Hortulus" des Abtes Walafried Strabo von der Insel Reichenau. Aus dieser und anderen mittelalterlichen Quellen wissen wir, daß damals Iris als Heilpflanzen Verwendung fanden und in Klöstern und Burggärten kultiviert wurden. Sie wurden teilweise von den Kreuzzügen mitgebracht und wuchsen auch nach wochenlangen Reisen gut an. Besonderen Aufschluß gibt der „Hortus Eystettensis" (= Der Garten von Eichstätt) von 1613, auf dessen kolorierten Kupferstichen folgende Arten zu erkennen sind: *Iris sibirica*, *Iris illyrica*, *Iris susiana*, *Iris germanica* in verschiedenen Farben, *Iris germanica* var. *florentina*, *Iris variegata*, *Iris pseudacorus*, *Iris foetidissima*, *Iris anglica* und *Iris hispanica*.

In Frankreich trugen die Könige die Iris im Wappen. Wie kamen sie zu diesem Emblem? Darüber gibt es folgende Geschichte: Zu Beginn des 6. Jahrhunderts war die Armee von König Chlodwig I. von Frankreich eingeschlossen zwischen überlegenen Kriegern der Goten und einem Rheinarm bei Köln. Chlodwig bemerkte, daß an einer Stelle die gelbe Iris (*I. pseudacorus*) bis weit in den Fluß hinein wuchs und blühte. Er schloß daraus, daß das Wasser hier seichter sein mußte, um es als Furt zu durchqueren. So gelang es ihm, die Merowinger Armee in Sicherheit zu bringen. Aus Dankbarkeit wählte er die Blüte der Iris als sein Emblem, und sie war lange Zeit die Wappenblume seiner Nachkommen.

Iris pseudacorus, die heimische Wasserlilie - Vorbild für die französische Wappenblume.

Bei den Eroberungskriegen mit Frankreich, die mehr als hundert Jahre dauerten, wurde diese fleur de lis auch in englische Wappen übernommen.

Ludwig VII. von Frankreich nahm 1148, vor seinem Kreuzzug mit dem Stauferkönig Konrad III., in seine Fahne drei stilisierte Blüten der „Wasserlilie“, *Iris pseudacorus,* auf. Diese Iris galt als Symbol der Ritterlichkeit. Viele Länder und Geschlechter trugen sie in ihrem Wappen. In der Manessischen Liederhandschrift findet man sie im Wappen des Herrn Nünü, in Gold auf schwarzem Grund, und auf dem Schild des Grafen Werner von Homberg, dort in Rot auf gelbem Grund. Dante beschreibt bereits im 13. Jahrhundert, daß das florentinische Stadtwappen aus einer weißen Iris auf rotem Grund besteht. Mittlerweile ist die Farbgebung des Wappens umgekehrt: rote Iris auf weißem Grund. Im heutigen Florenz findet die Preisverleihung für die besten Iris-Sorten in einem Saal des Palazzo Vecchio statt, dessen Wände mit unzähligen goldenen Iris auf blauem Grund geschmückt sind. Dazu spielen Fanfarenbläser, deren Instrumente Fahnen mit dem Stadtwappen tragen.

1551 beschreibt der englische Physiker

und Botaniker William Turner die „Flour delyce“, wahrscheinlich benannt nach der französischen fleur de lis, der stilisierten Wappenblume der französischen Könige. 1576 erwähnte der französische Botaniker Carolus Clusius mehrere Spezies von Iris und beschrieb sie als erster als Blütenpflanzen, die er auf seinen Reisen in Europa fand. Er verfaßte auch die erste Beschreibung der Oncocyclus-Art *Iris susiana*, die von Konstantinopel nach Wien gelangt war. Von ihm stammt der Satz: „Lange Erfahrung hat mich gelehrt, daß aus Samen gewachsene Iris in wundervoller Weise variieren.“

Linné beschreibt in seinem Werk 1753 schon 24 Iris-Spezies, die teilweise aber später andere Namen bekamen. Von ihm stammt der irreführende Begriff *Iris germanica*, wahrscheinlich weil er diese Pflanzen aus Deutschland erhielt. *Iris germanica* ist ein Konglomerat uralter Naturhybriden. Sie kamen in Deutschland nie wild vor und sind sicher im „Reisegepäck“ zu uns gelangt. Man findet sie – vor allem wohl als Gartenflüchtlinge – verwildert um Burganlagen in Südeuropa. Dazu gehören unter anderem die *Iris spectabilis*, *Iris germanica* var. *florentina* und *Iris × kochii* sowie die in Italien und Spanien verbreitete *Iris albicans*.

In England war Sir Michael Foster (1836–1907), Professor der Physiologie in Cambridge, der erste, der Iris-Spezies durch weltweite Verbindungen zu Kaufleuten und Missionaren sammelte. Leider konnte er, gebunden durch seine Professur, keine großen Reisen unternehmen. Er klassifizierte die Iris und veröffentlichte seine Beschreibungen in Gardener's Chronicle. Aus seiner Züchtungsarbeit entstanden Hybriden aus (der lavendelblauen) *Iris pallida* und (der gelbbraunroten) *Iris variegata*. Er kreuzte diese wiederum mit den tetraploiden Arten aus Kleinasien, die viel großblumiger waren. Natürlich hatten die Menschen damals noch nicht die Kenntnis über Chromosomen und Gene. So waren es Intuition und zahllose Kreuzungsversuche, die zu großblumigen und bunten Iris führten. Sir M. Foster ermutigte seinen Freund W. Rickatson Dykes (1877–1927), über das Genus *Iris* zu schreiben. Dieser verfaßte neben anderen Irisbüchern sein Meisterwerk „The Genus Iris“, das 1913 erschien und vor einigen Jahren als Reprint neu aufgelegt wurde. Sein Garten quoll über von den Sammlungen Fosters, von Sämlingen und Wildiris aus aller Welt. So konnte C.W. John-

Von *Iris pallida* gibt es auch schöne buntlaubige (weiß-grüne) Formen, bei denen das Laub dekorativer als die Blüte ist. In den Katalogen findet man sie als 'Variegata', „*Iris pallida argenteis*“ oder in den USA auch als 'Zebra'.

son alle die hervorragenden Farbtafeln in diesem Buch in Dykes Garten zeichnen. Manches ist seither nomenklatorisch verändert oder ergänzt worden, aber die Taxonomie der Iris ist aufgebaut auf dieser Monographie. Es war der Durchbruch zur Iriszüchtung des 20. Jahrhunderts.

Iris in der Kunst

Rechte Seite: Die duftende *Iris germanica* var. *florentina* hat heute wegen ihrer schlechten Substanz mehr Sammler- als Gartenwert. Aber man freut sich, wenn man sie noch vereinzelt in Weinbergmauern findet.

In der christlichen Kunst wird die Iris, oft zusammen mit der Lilie, als Blume der Ankündigung der Geburt Christi gemalt. Auf zahlreichen Altarbildern ist sie neben der Madonna abgebildet. Auf dem florentinischen Portinari-Altar von Hugo van der Goes (etwa 1450) findet man sie in einem ganzen Strauß: *Iris germanica* var. *florentina* mit zwei dunkelblauen *Iris germanica* und *Lilium croceum*. In einer Darstellung des Paradiesgärtleins eines oberrheinischen Malers wachsen blaue *Iris germanica* mit anderen Stauden an der Gartenmauer.

Ganz besonders zur Geltung kommt die Iris in den herrlichen Blumenstilleben der niederländischen Maler des 16. und 17. Jahrhunderts. Bei Jan Brueghel d. Ä., dem sogenannten Blumen-Brueghel, finden wir in einem Strauß von über 200 Blüten und 40 verschiedenen Arten *Iris germanica* in verschiedenen, meist blauen Tönen, *Iris sibirica*, *Iris variegata* und *Iris susiana*. Jan Brueghel malte alle Blumen nach der Natur und stellte sie dann nach Belieben zusammen, ohne Rücksicht auf die eigentliche Blütezeit. Oft reiste er nach Brüssel, um im Garten des Erzherzogs seltene Blumen zu malen.

Iris kann man auch in den Blumensträußen folgender Maler finden: Peter Binoit (1590–1632), Ambrosius Boschaert (1565–1621), Daniel Seghers (1590–1661) und Roelant Savery (1576–1639). Zu erkennen sind *Iris variegata*, *Iris latifolia* und *Iris germanica* in mehreren Farben, bei Savery ein höchst erstaunliches Exemplar mit blauem Dom und dunkelroten Hängeblättern – wahrscheinlich eine künstlerische Freiheit.

Im 18. Jahrhundert gab es in Nürnberg, angeregt durch Albrecht Dürer und Maria Sybilla Merian, den Kreis der Nürnberger Meister, der von dem Mäzen Jacob Trew gefördert wurde. Eine der begabtesten Malerinnen des Kreises, Regina Dietzsch (1706–1788), hat uns ein besonders schönes Irisbild hinterlassen, mit hellblauem Dom und graublauen, stark braun geaderten Hängeblättern.

Auch im umfangreichen Werk von Pierre Joseph Redouté (1759–1840), der am Jardin des Plantes in Paris arbeitete und über 6000 Pflanzen porträtierte, gibt es eine ganze Reihe von Irisdarstellungen. Im Dänemark des 19. Jahrhunderts malten J. L. Jensen, O. D. Ottesen und andere zauberhafte Blumenbilder, in denen oft Iris eine Rolle spielen.

Wer kennt nicht die Iris- und Seerosenbilder von Claude Monet (1840–1926), der diese in seinem Garten in Giverny kultivierte und malte. Van Gogh (1853–1919) hat mehrere Irisbilder gemalt, die heute fast unbezahlbar sind. Emil Nolde (1867–1956), der viele Iris in seinem Garten in Seebüll hatte, malte sie in leuchtenden Farben.

In Japan sind es die *Iris ensata* (syn. *I. kaempferi*), die neben Päonien und Chrysanthemen eine lange Tradition in der bildenden Kunst haben. Sie sind auf Rollbildern, Tuschzeichnungen, Intarsien und Lackarbeiten zu sehen.

Die Künstler des Jugendstils liebten die Iris ganz besonders. Man findet sie auf Möbeln, Tapeten, Kacheln, bunten Glasfenstern und auch auf den berühmten Gallé-Vasen.

Botanik und Einteilung der Gattung Iris

Die herrliche 'Enchanted World' zusammen mit *Phlomis tuberosa* in derselben Farbe.

Zur Botanik

Iris gehören zur Familie der Irisgewächse (Iridaceae), die ihren Platz in der großen Gruppe der Liliengewächse hat. Iris bilden mehr oder weniger knorrige Rhizome oder seltener Zwiebeln mit oder ohne fleischige Wurzeln. Selten sind nur Wurzelstöcke vorhanden. Die schwertförmigen („Schwertlilien") grasartigen oder sogar stielrunden Blätter stehen aufrecht, die Blüten finden sich in häutigen Hüllen einzeln oder in wenigblütigen Trauben. Das Grundmerkmal der Blüte ist die Zahl Drei. Zwei Blütenblattkreise sind am Grunde mehr oder weniger röhrig verwachsen und bilden ein sogenanntes Perigon. Die drei inneren Perigonblätter sind gewölbt und stehen – vor allem bei den Bartiris – aufrecht. Sie werden daher Domblätter genannt. Manchmal stoßen sie zusammen, sind aber auch nach oben offen wie bei *Iris sibirica* oder *I. spuria* oder auch sehr schwach ausgeprägt wie bei *I. ensata.*

Die drei äußeren Perigonblätter werden auch Hängeblätter genannt, weil sie ursprünglich bei Arten und älteren Hybriden wirklich nach unten hingen. Bei den neueren Sorten stehen sie meist fast waagrecht. Bei der Bartiris sitzen am Schlund Bärte. Diese Bärte heben sich von der Grundfarbe des Hängeblattes oft ab, die Farben reichen vom getöntem Weiß – Hellgelb – Goldgelb bis Bräunlich oder Hellblau bis Tiefviolett. Diese Bärte dienen ebenso der Anlockung von Insekten wie die oft sehr markanten Saftmale in abweichender Farbe bei den bartlosen Iris.

Die Narben mit Griffeln und Staubblättern – auch jeweils drei – sitzen geschützt in der Blüte. Der Fruchtknoten ist dreifächerig unterständig, und so springen natürlich auch die reifen Samenkapseln dreifächerig auf.

Die so augenfällig immer wiederkehrende Zahl Drei im Blütenbau der Iris macht sie auch zu einer christlichen Symbolpflanze. Die alten Schwestern des der Gärtnerei benachbarten Klosters Heitersheim freuen sich immer, wenn sie zu Fronleichnam Körbe voll „Heilige Dreifaltigkeit" bekommen. Das ist hier übrigens auch ein Volksname für die Tradescantien.

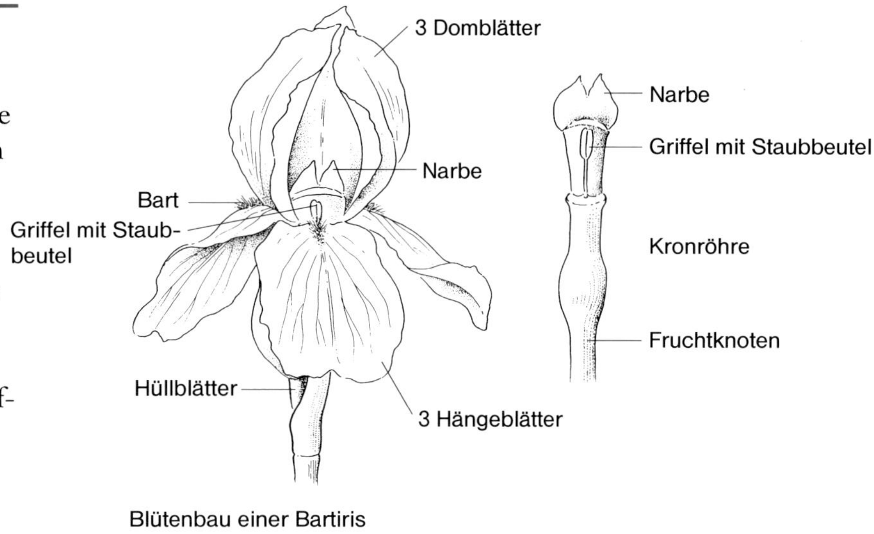

Blütenbau einer Bartiris

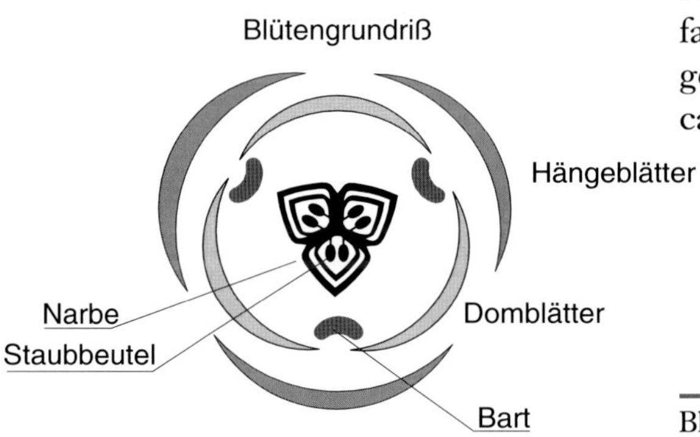

Blütengrundriß

Verschiedene Blütenformen bei Iris

Iris sibirica (Wildform)

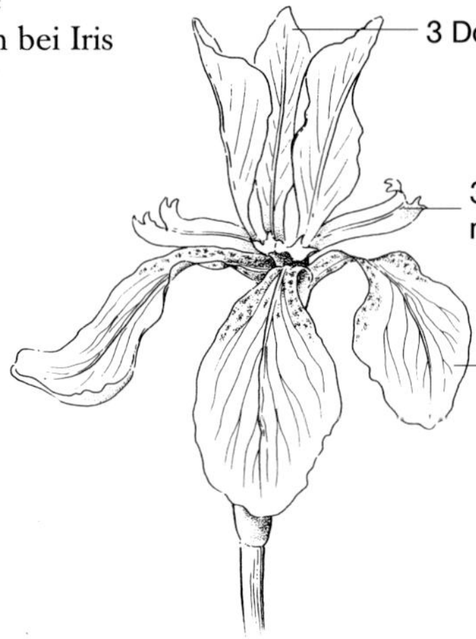

Iris sibirica (Neue Sorte)

Iris spuria 'Alba' (Wildform)

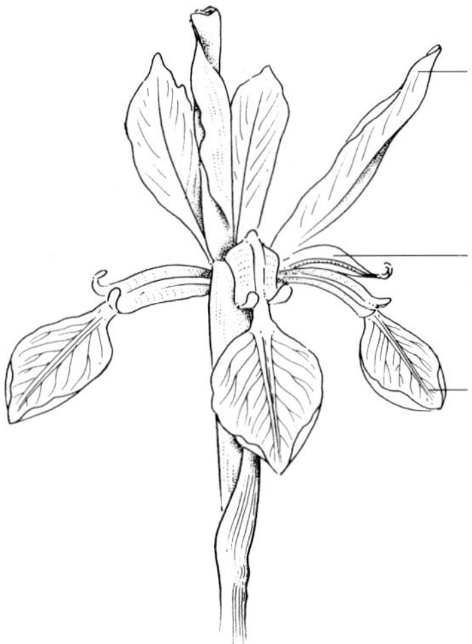

Iris spuria Hybride

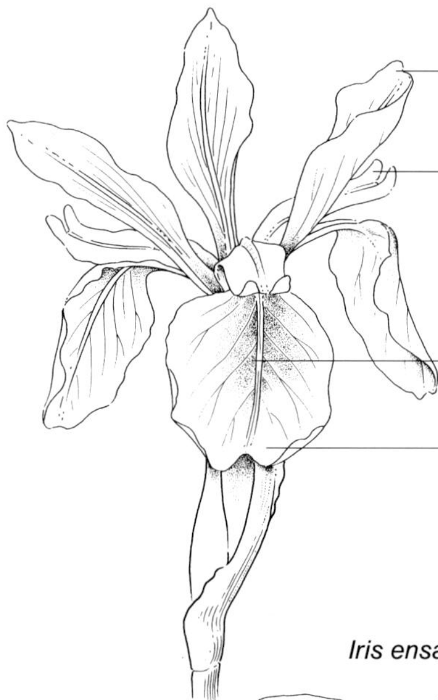

Iris ensata einfach

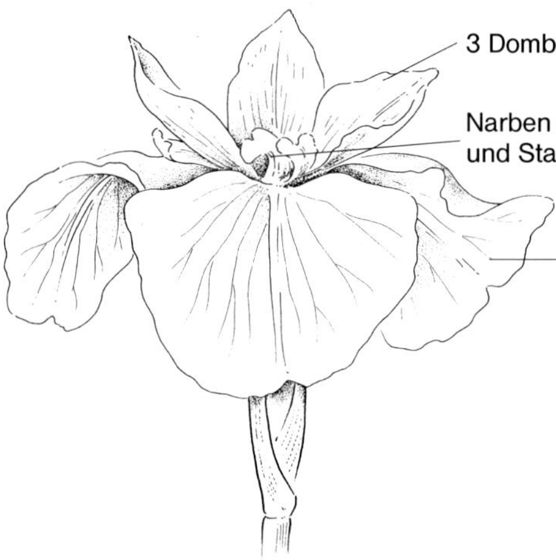

Iris ensata „gefüllte“ Hybride

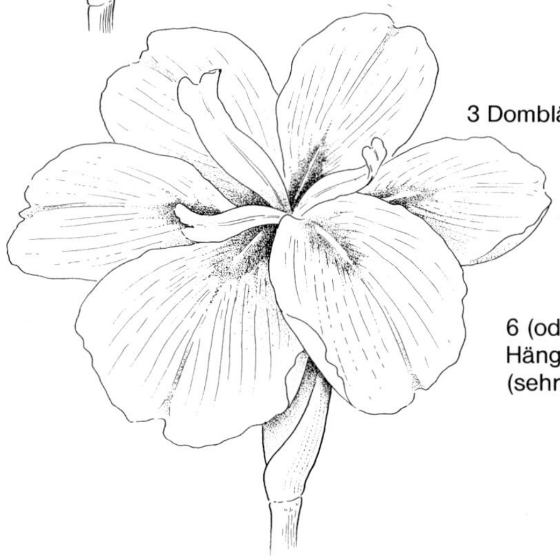

Zur Einteilung der Gattung

Die ausgesprochen formenreiche Gattung *Iris* besteht aus über 300 Arten und Unterarten. Für den Gartenbau ist hiervon etwa ein Zehntel wichtig. Noch viel umfangreicher ist die Zahl der Synonyme, was für eine lange Geschichte von Versuchen spricht, die Nomenklatur der Gattung gültig zu lösen. Der „Catalogus Iridis“ von Dr. P. Werckmeister umfaßt über 800 Namen für Arten, Unterarten und Synonyme.

Botanisch gruppieren sie sich nach der Verwandtschaft in einem komplizierten System, das sich aufgrund neuer Erkenntnisse in der Taxonomie immer wieder verändert. Für die gärtnerische Praxis reicht zum Glück eine einfache Einteilung in Bartiris, bartlose Iris und Zwiebeliris.

Bartiris (Pogoniris)

Charakteristisch für diese Gruppe ist der Bart, ein Band von Haaren in der Mitte der Hängeblätter. Im Boden haben sie ein dickes fleischiges Rhizom. Ihre Samen sind abgerundet, birnenförmig oder leicht kantig. Die Bartiris-Arten (z.B. *Iris pallida*, *Iris germanica* var. *florentina*, *Iris albicans*) wachsen meist auf steinigen Hängen und Felsterrassen in voller Sonne. Sie vertragen keine Staunässe.

Bartlose Iris (Apogoniris)

Der Bart fehlt bei dieser Gruppe. Ihre Rhizome sind fester, weniger verdickt, verholzt bis drahtartig. Die Samen sind kantig oder flach. Die Apogoniris-Arten (z.B. *Iris sibirica*, *Iris orientalis* syn. *I. ochroleuca*) vertragen mehr Feuchtigkeit, besonders nach dem Verpflanzen, und manche wachsen sogar im flachen Wasser.

Typische alte Blütenform bei Bartiris mit offenem Dom und schmalen Hängeblättern.

Die klassische Form einer alten *Iris sibirica* („Wieseniris“, weil sie ohne Pflege in Wiesen wächst oder gepflanzt werden kann).

Gärtnerisch wichtige Iris-Gruppen

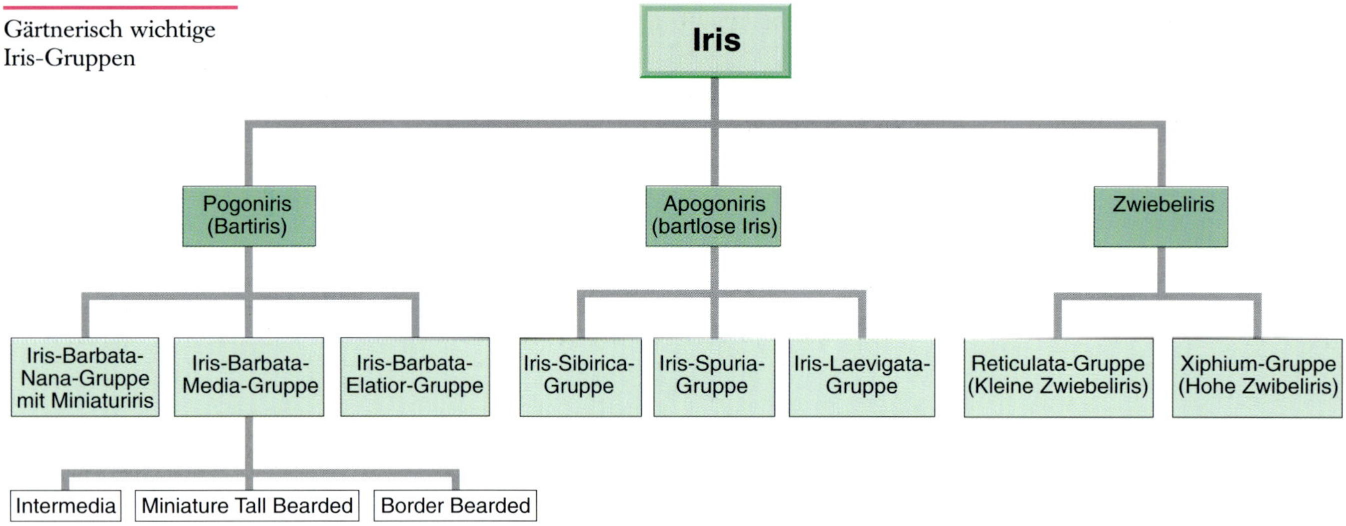

Zwiebeliris

Die Zwiebeliris-Arten haben im Boden als Überdauerungsorgan eine Zwiebel (z.B. *Iris reticulata*, *Iris xiphium*). Die Blüten sind im Aufbau ähnlich wie die der bartlosen Iris, aber ihre Blätter sind im Unterschied zu den beiden anderen Gruppen kantig oder glatt und schmal, rinnig.

Es ist wie ein Wunder, daß die *Iris reticulata*, wenn sie mit ihren zarten Blüten durch den Schnee stoßen, nicht erfrieren, sondern unbeirrt blühen.

Stellung einiger gartenwichtiger Iris-Arten innerhalb der Gattung

	Höhe	Blütezeit	Farbe	Lebensbereich
Sektion Iris (Pogoniris; mit „Bart“ und knolligem Rhizom)				
Serie Pumilae				
I. pumila	15 cm	IV	blau, violett, gelb, weiß	Steppenheide, Felssteppe
I. lutescens (syn. *I. chamaeiris*)	20 cm	IV – V	violett, weiß	Steppenheide, Felssteppe
I. suaveolens (syn. *I. mellita*)	10–20 cm	IV – V	blau, violett, gelb, weiß	Steppenheide, Felssteppe
Serie Elatae				
I. aphylla	20–30 cm	IV – V	violett	Freifläche trocken bis frisch, Beet frisch
I. variegata	20–40 cm	V – VI	gelb und braun	Steppenheide, Felssteppe
Iris-Germanica-Hybriden Züchtungen der Bartiris	80 cm	V	violett, blau, braun, gelb	Freifläche trocken, Beet trocken
Iris-Barbata-Nana	15–30 cm	IV	viele Farben	Felssteppe, Steinanlage
Iris-Barbata-Media	40–70 cm	V	viele Farben	Freifläche trocken, Beet trocken
Iris-Barbata-Elatior	70–110 cm	V – VI	viele Farben	Freifläche trocken, Beet trocken
Sektion Limniris				
Subsektion Apogon, bartlose Iris				
Serie Sibiricae				
I. sibirica	40–100 cm	V – VI	blau, violett, weiß	Freifläche frisch, Wasserrand feucht
I. sanguinea	60 cm	V – VI	violett, weiß	Freifläche frisch, Wasserrand feucht
I. chrysographes	50–60 cm	V – VI	dunkelviolett, gelb	Freifläche feucht, Beet frisch
Serie Laevigatae				
I. pseudacorus	90–110 cm	V – VI	gelb	im Wasser, Wasserrand feucht, Freifläche frisch
I. versicolor	50–70 cm	V – VI	purpur, violett	im flachen Wasser, Wasserrand feucht
I. ensata mit vielen Sorten und Hybriden (syn. *I. kaempferi*)	70–100 cm	VI – VII	weiß, violett, blau, rosa	Freifläche feucht, Wasserrand feucht
I. laevigata	70–80 cm	VII – VIII	blauviolett	im flachen Wasser, Wasserrand feucht
Sektion Xyridion				
Serie Spuriae				
I. orientalis (syn. *I. ochroleuca*)	80–100 cm	VI	weiß, gelb	Freifläche trocken bis feucht
I. spuria	60–80 cm	VI	violett, gelb	Beet frisch, Wasserrand feucht, Freifläche frisch
viele *Iris*-Spuria-Hybriden			blau, weiß, gelb, braun	Freifläche frisch bis trocken
Serie Gramineae				
I. graminea	30 cm	V	purpurblau	Steinanlage frisch, Freifläche trocken bis frisch

Stellung einiger gartenwichtiger Iris-Arten innerhalb der Gattung (Fortsetzung)

	Höhe	Blütezeit	Farbe	Lebensbereich
Sektion Spathula				
I. foetidissima	60 cm	VI	Blüten graublau, korallenrote Fruchtstände	Gehölzrand frisch
Sektion Hexapogon				
Subsektion Oncocyclus				
Xiphium-Gruppe (Hohe Zwiebeliris)				
Iris-Hollandica-Hybriden	60 cm	V	weiß, gelb, blau	Freifläche frisch bis feucht
I. latifolia (syn. *I. xiphioides*)	60 cm	VI	blau, violett, weiß	Freifläche trocken
I. xiphium	60 cm	VI	blau, gelb, violett	Freifläche trocken
Iris-Hispanica-Hybriden			viele Farben	Freifläche trocken
Reticulata-Gruppe (Kleine Zwiebeliris)				
I. danfordiae	10–20 cm	II – III	gelb	Steinanlage, Freifläche trocken
I. reticulata	20 cm	II – III	violett, blau	Steinanlage, Freifläche trocken

Das Bild vom Naturstandort ▷ zeigt einen zweifarbig violetten Klon der nur in den südlichen Ländern Europas vorkommenden *Iris lutescens.*

Wildarten und ihre natürliche Verbreitung

Iris pseudopumila, die südliche Schwester von *Iris pumila.*

Die Einteilung der Arten kann nach botanischen oder gärtnerischen Gesichtspunkten erfolgen. Wir halten uns hier an die praktischen gärtnerischen Gesichtspunkte. In diesem Buch wird eine Auswahl von Arten besprochen, die bei der Züchtung der in den Gärten verbreiteten Iris als Kreuzungspartner eine wichtige Rolle spielen.

Bartiris (Pogoniris)

Geographisch sind Wildarten dieser Gruppe verbreitet von Südwesteuropa bis Mittelasien im milden bis subtropischen Klima.

Zwergiris

Sie sind von der Blütezeit her die früheste Gruppe.

Iris pumila
Die Pflanzen werden 10 bis 15 cm hoch. Der Stengel ist unverzweigt und einblütig, die Blätter sind blaugrün und 0,5 bis 1,5 cm breit. Die Blüten haben 5 bis 7 cm Durchmesser, und die Farbenvielfalt ist sehr groß, von Weiß über Gelb (in vielen Nuancen) bis zu Blau sowie viele violette und rotviolette Töne. Oft haben die Hängeblätter einen andersfarbigen Spot, und die Farbe des Bartes variiert auch von Hellgelb über Ocker bis Blau. Die meisten *Iris pumila* duften sehr gut. Die Blütezeit ist April. Sie wachsen in mageren Trockenwiesen (pannonische Steppen) zusammen mit *Sempervivum, Sedum, Thymian* und *Adonis.* Leider sind sie in unseren Gärten meist nicht langlebig, da sie empfindlich gegen Winternässe sind und früh einziehen. Hierdurch können sie leicht von Polsterpflanzen überwuchert werden. Die aus ihnen hervorgegangenen Iris-Barbata-Nana-Sorten sind im Garten viel wüchsiger und tolerieren mehr Feuchtigkeit. Verbreitung: Österreich, Slowakei, Ungarn, Rumänien, das Gebiet des ehemaligen Jugoslawien, Bulgarien und die Kaukasusregion.

Iris pseudopumila
Diese Verwandte der *Iris pumila* kommt in Süditalien und Sizilien vor. Sie ist in allen Teilen etwas höher (15 bis 25 cm) und hat dieselbe Farbenvielfalt wie *Iris pumila.*

Iris lutescens (syn. *I. chamaeiris*)
Diese Art ist sehr variabel. Sie wird 10 bis 25 cm hoch, ist unverzweigt und ein- bis zweiblütig mit einem deutlich ausgebildeten Blütenstiel. Die Blüten haben einen

Durchmesser von 6 bis 8 cm in den Farben Weiß, Gelb, Rotpurpur und Violett. Der Bart ist gelb, oft mit bläulichen Spitzen. Sie blühen Anfang bis Mitte Mai. Verbreitung: Spanien, Südfrankreich, Italien und Südschweiz.

Iris reichenbachii
Bei dieser ebenfalls sehr variablen Art erreichen die unverzweigten und ein- bis zweiblütigen Blütenstengel eine Höhe von 15 bis 30 cm. Die Blätter sind kürzer als der Stiel. Die Blüten haben einen Durchmesser von 6 bis 8 cm und sind gelb oder braun-purpur und an der Basis geadert. Der Bart ist gelb-orange. Die Blütezeit ist Mai. Auch diese Art wächst auf Trockenwiesen. Die gelbe Form ist im Garten reichblühend und unempfindlicher als *Iris pumila*, aber ihr fehlt die schöne Form und gute Substanz der Iris-Barbata-Nana. Verbreitung: Bulgarien, Nordgriechenland, Rumänien und das Gebiet des ehemaligen Jugoslawien.

Iris suaveolens (syn. *I. mellita*)
Die Pflanze wird 10 bis 20 cm hoch, der ein- bis zweiblütige Stiel ist unverzweigt. Die etwa 12 cm langen Blätter sind blaugrün und auffallend sichelförmig nach außen gebogen. Die Blüten haben einen Durchmesser von 5 bis 6 cm und sind bräunlich-purpurrot. Die Hängeblätter sind etwas nach innen eingerollt. Bei *Iris suaveolens* var. *rubromarginata* sind die Ränder der Blätter und Hüllblätter rötlich purpur gefärbt. Ihre Blütezeit ist jeweils Mai. Diese Trockenrasenpflanze hat dieselben Ansprüche wie *Iris pumila*. Man pflanzt sie daher am besten unter Zusatz von Split in gut dränierte Beete oder Tröge. Verbreitung: Bulgarien, Rumänien, das Gebiet des ehemaligen Jugoslawien, Türkei.

Welche Überraschung, wenn wir *Iris reichenbachii* auf einer Reise in die Balkanländer am Naturstandort finden!

Iris aphylla (syn. *I. nudicaulis*)
Diese Iris fällt durch die schon unten beginnende Verzweigung auf, wobei der Haupttrieb zweiblütig, die Seitentriebe einblütig sind. Der Blütenstiel wird 20 bis 30 cm hoch, die Blätter sind sichelförmig nach außen gebogen und an der Basis rötlich gefärbt. Die 6 bis 8 cm großen Blüten sind violettblau und dunkelviolett, der Bart weiß mit blauen Spitzen. Sie blüht im Mai und zieht im Winter völlig ein. Sie kommt auf humosen Böden (z.B. Thüringen und Harz) vor und verträgt etwas mehr Feuchtigkeit als alle anderen Arten der Bartiris. Durch ihre Reichblütigkeit ist sie durchaus gartenwürdig, wenn auch die Substanz der Blüten nicht

so gut ist. Ich bin immer noch auf der Suche nach den verloren gegangenen Sorten *Iris aphylla* 'Osiris' (hellblau) und der dunkelvioletten *Iris aphylla* 'Autumn King', die im Herbst reich nachblüht. Vorkommen: Ostdeutschland, Tschechien, Slowakei, Polen, Ungarn, Rumänien, europäischer Teil Rußlands.

Mittelhohe und Hohe Bartiris

Hier sind viele botanische „Arten" eigentlich uralte Naturhybriden, die gegenwärtig in der Natur oft als Flüchtlinge aus Gärten vorkommen. Diese Gruppe kann man in die diploiden und die tetraploiden Arten unterteilen. Diploid sind die meisten Wildarten oder ältere, kleinblumige Züchtungen, die aber reichblühend, wüchsig und widerstandsfähig und daher auch für rauhere Gegenden geeignet sind. Bei den tetraploiden Arten bzw. Sorten ist der Chromosomensatz natürlich oder durch Manipulation, z.B. durch Einkreuzen von vorderasiatischen tetraploiden Spezies, von diploid auf tetraploid verdoppelt; das Ergebnis bei fast allen modernen Iris ist ein höherer Wuchs, eine bessere Substanz und große Farbenvielfalt.

Diploide Arten

Iris albicans: Sie erhielt ihren Namen 1860 von Lange, der sie in Spanien fand. Ihre eigentliche Heimat ist die Arabische Halbinsel, von wo sie, im Zuge der Ausbreitung des Islam, im Vorderen Orient, in Lybien, Tunesien, Algerien, Marokko und auf der Iberischen Halbinsel verbreitet wurde, und dort überall als Gartenflüchtling vorkommt. *Iris albicans* ist im Gegensatz zu der grauweißen *Iris germanica* var. *florentina* reinweiß, mit einer Höhe von etwa 60 cm niedriger und weniger verzweigt. Sie ist meist steril und setzt nur selten Samen an. In Weinbaugebieten blüht sie auf steinigen Beeten gut, aber in rauhen Gegenden mit Winternässe ist sie nicht ganz hart und neigt zu Rhizomfäule.

Iris germanica: Sie ist keine einheitliche Art, sondern es handelt sich bei ihr um uralte Bastarde, die in vielen Formen vorkommen und sowohl wild als auch verwildert, oft in der Nähe historischer Stätten, anzutreffen sind. Viele Fundorte gibt es im Mittelmeerraum, speziell z.B. im Aosta-Tal, aber auch in Rumänien.

Zu dieser Germanica-Gruppe gehört wahrscheinlich auch die dunkelviolette, von uns als *Iris spectabilis* geführte, etwa 60 cm hohe Hybride, die 14 Tage vor den hohen Bartiris blüht, und in Süddeutschland, in Mauern am Kaiserstuhl und an vielen Böschungen und in Gärten zu finden ist. Die Bauersfrauen bieten sie als Schnittblumen auf dem Markt an.

Iris germanica var. *florentina* ist eine grauweiße Form. Auch sie trifft man noch, wenn auch seltener, an Rebmauern. Sie blüht später (Mitte Mai), ist verzweigt und wird etwa 70 cm hoch. Wichtig ist der gute Duft ihrer zerschnittenen Rhizome. Früher wurde sie in der Toskana feldmäßig für kosmetische und medizinische Zwecke angebaut, ist aber heute fast überall durch *Iris pallida* ersetzt, aus deren Rhizomen das duftende Irisöl gewonnen wird.

Iris × kochii ist auch ein Germanica-Typ, wird nur etwa 50 bis 60 cm hoch, mit purpurvioletten Blüten und bläulichweißem Bart. Man nimmt an, daß sie aus einer Kreuzung von *Iris germanica* × *Iris pallida* stammt. Ein Fundort liegt in der Nähe des Comer Sees.

Alle Iris dieser Gruppe haben dieselben Ansprüche wie unsere hohen Bartiris-Hybriden: Sonne, Trockenheit und guter Wasserabzug. Durch neuere Züchtungen sind sie heute als Gartenpflanzen

Iris pallida ssp. *cengialtii* ist niedriger als *Iris pallida* und variiert farblich je nach Vorkommen.

überholt und haben fast nur noch Sammlerwert.

Iris-pallida-Gruppe: *Iris pallida* (syn. *I. odoratissima*) ist wohl die am weitesten verbreitete und gleichzeitig am häufigsten feldmäßig angebaute Iris-Art überhaupt. Fährt man Anfang Mai nach Italien, so sieht man sie schon kurz nach dem Brenner in vielen Gärten, an Böschungen und Mauern. In der Toskana sind Verkehrsinseln, Randstreifen und Feldränder voll von dieser lavendelblauen, etwa 90 cm hohen Iris, bis man sie dann im Chianti-Gebiet feldmäßig angebaut findet (il Giaggiolo). Man erkennt diese Art sofort an den ganz trockenen, grauweißen Hüllblättern. Die Lokalform *Iris pallida* var. *dalmatica* unterscheidet sich nur durch die intensivere, lilablaue Farbe. Zur Pallida-Gruppe gehört auch *Iris pallida* ssp. *cengialtii*. Sie ist eine kleine, lavendelfarbene Form, die etwa 40 bis 50 cm hoch wird. Die Blätter sind grüner und die trockenen Hüllblätter mehr braun. Sie kommt in den Südalpen, im Trentino und am Gardasee vor.

Iris illyrica, auch 40 bis 50 cm hoch, wird in der „Flora Europaea“ als Zwi-

schenform von *Iris pallida* und *Iris pallida* ssp. *cengialtii* geführt. Die Blüten sind blauer und haben einen orangegelben Bart.

Iris pallida und ihre Formen sind für Naturgärten durchaus gartenwürdig. Im Süden findet man sie oft verwildert um alte Bauernhäuser und an Böschungen. Sie vertragen besonders viel Trockenheit und Sonne. Ihr graugrünes Laub bleibt dadurch länger ansehnlich.

Iris variegata: Diese Art hat ein sehr großes Verbreitungsgebiet und variiert dadurch stark in Höhe, Verzweigung und Farbkombination. Sie ist zwischen 20 und 40 cm hoch, meist zweiblütig und mehr oder weniger verzweigt. Die Blüte hat etwa 6 bis 7 cm Durchmesser und ist gelb, wobei die Hängeblätter heller sind, braun bis violett und stark geadert. Die Blütezeit ist mit den hohen Bartiris Mitte bis Ende Mai. Im Winter zieht sie vollkommen ein. Ihr Vorkommen an steinigen Hängen, an Felsen und auf Heiden weist darauf hin, daß sie auch im Garten trocken und warm stehen will. Man kann sie gut in größere Steingärten pflanzen. Verbreitung: Österreich, das Gebiet des ehemaligen Jugoslawien, Rumänien, Ungarn, Tschechien und Slowakei. In Süddeutschland gibt es noch einige geringe, geschützte Vorkommen, z.B. im Raum München.

Aus Kreuzungen von *Iris pallida* × *Iris variegata* ist die blaßgelbe, etwa 90 cm hohe *Iris flavescens* entstanden, die man noch sehr häufig in Gärten sieht. Sie ist nicht schön, aber sehr reichblühend. Auch *Iris* × *sambucina* (die Holunderiris) ist wahrscheinlich aus derselben Kreuzung (*Iris pallida* × *Iris variegata*) entstanden. Mit dem hellvioletten Dom und violettbraunen Hängeblättern mit braunen Adern hat sie keine ansprechende Farbgebung. Sie wird ca. 70 cm hoch und hat meist fünf Blüten. Vorkommen: Schwäbische Alb, Umgebung von Regensburg, Iberische Halbinsel, Italien, nördlicher Balkan. Man findet sie öfters auf Burgmauern und Ruinen.

Iris croatica wächst auch noch in rauhen Gegenden, und man findet sie oft in österreichischen Bauerngärten.

Auch bei *Iris* × *squalens* vermutet man diese Abstammung (*Iris pallida* × *Iris variegata*). Sie hat dicke steife Blätter und wird etwa 90 cm hoch. Sie blüht in schmutzigen Farben mit einem bräunlich-grauen Dom und purpurvioletten Hängeblättern mit brauner Aderung. Der Rand ist stark gekraust. Vorkommen: Südtirol.

Diese Abkömmlinge von *Iris pallida* × *Iris variegata* haben weniger Garten- als Sammlerwert.

Tetraploide Arten

Von einer Reihe dieser Arten gibt es keine Beschreibung zu Farbe und Höhe. In der Literatur wird nur immer wieder

Linke Seite: *Iris variegata* ist einer der wichtigsten Kreuzungspartner für unsere modernen Bartiris.

darauf hingewiesen, wie wichtig diese aus Asien stammenden Iris für die Züchter der Jahrhundertwende zur Kreuzung mit den diploiden Arten waren.

Oft ist gar kein Naturstandort mehr bekannt.

Iris croatica ist eine sehr robuste tetraploide Art, wächst in Kroatien und ist auch in rauhen Gegenden Österreichs sehr weit in ländlichen Gärten verbreitet. Sie wird 70 bis 90 cm hoch, ihr Laub ist frisch grün, nicht blaugrün. Die Blütenfarbe ist violett mit weißer Schlund-Aderung und weißgelbem Bart. Der deutsche Züchter Dorn benützte sie zu Kreuzungen, um die Hybriden widerstandsfähiger zu machen.

Iris cypriana ist eine vorderasiatische Iris, deren Wildstandort unbekannt ist. Sie wurde Ende des letzten Jahrhunderts vom Engländer Foster aus Zypern eingeführt. Sie ist *Iris mesopotamica* sehr ähnlich. Die relativ großen hellblauen Blüten sind hübsch, aber bei uns ist die Art nur bedingt hart. Man muß sie im Sommer vor Regen schützen, und im Winter kann es zu Frostschäden kommen. Ähnlich ist *Iris macrantha*, auch diese wurde von Foster aus Asien zu Kreuzungszwecken eingeführt.

Iris mesopotamica wurde von Dykes 1913 mitgebracht. Sie blüht lavendelblau und ist heute nicht mehr echt zu bekommen.

Iris trojana hingegen wächst kräftig, ist verzweigt und hat an den etwa 90 cm hohen Stielen fünf bis sechs Blüten. Die Domblätter sind hellblau, lila schattiert, im Schlund gelb mit gelbem Bart. Bei trockenem, sonnigen Standort und guter Dränage ist sie auch bei uns hart. Wildstandorte sind nicht bekannt.

Hexapogon-Iris (Aril-Hybriden)

Aril-Iris verdanken ihren Namen einem weißen, fleischigen Anhängsel, dem Arillus, durch den die Samenkörner jeweils mit der Samenkapsel verbunden sind. Sowohl die Oncocyclus-Iris als auch die Regeliocyclus-Iris besitzen diese Eigenart. Sie gehören von der Nomenklatur und Gartenkultur her zu den schwierigsten Iris-Gruppen.

Oncocyclus-Iris

Ihr Heimatgebiet ist in Vorderasien, vor allem der kaukasische Raum, die östliche Türkei, Syrien, Libanon und Israel bis in die Negevwüste, im Osten bis in den Irak, Iran und Afghanistan. In diesen Gebieten herrschen sehr heiße, oft niederschlagsfreie Sommer, während Frühjahr und Herbst regnerisch sind und die Winter sehr mild. Sie wachsen auf sehr kargen, steinigen Böden mit guter Dränage. Jeder Stiel trägt nur eine Blüte, auf den Hängeblättern befindet sich ein dunkler Fleck, der sogenannte Onco-Fleck. Es gibt in den verschiedenen Regionen zahllose Arten und deren Hybriden. Die bei uns bekannteste Art *Iris susiana*, die unter der Bezeichnung „Dame in Trauer" bekannt ist, gedeiht bei uns gerade noch, wenn man sie vor Sommerregen schützt und an warme Plätze mit guter Dränage pflanzt. Köhlein beschreibt in seinem Buch nicht nur zahlreiche Arten, sondern auch ausführlich verschiedene komplizierte Verfahren, um diese herrlichen Iris (zeitweise in Kästen oder im Kalthaus) im eigenen Garten zu haben.

Regeliocyclus-Iris

Diese unterscheiden sich durch ihre weit umherstreifenden Rhizome von den Oncocyclus-Iris, deren Rhizome knollig und kompakt sind. Sie kommen in nördlicheren Gebieten in großen Höhen vor, wie in Nordkorea, Nordchina und in der Mandschurei. Daher ist ihre Winterhärte besser, aber sie brauchen ebenso etwa drei Monate Sommertrockenheit. Die Kulturmethoden und Ansprüche an den Boden entsprechen denen der Oncocyclus-Iris. Zwischen den beiden Gruppen gibt es zahllose interessante Hybriden.

Kreuzungen
Für uns am interessantesten sind aber die Kreuzungen zwischen den Oncocyclus-Iris, Regeliocyclus-Iris und unseren Bartiris. Kreuzungen wurden mit Vertretern aller Bartiris-Gruppen durchgeführt, sowohl der Barbata-Nana-, Barbata-Media- als auch der Barbata-Elatior-Gruppe. Anfang des Jahrhunderts hat sich W. Mohr in den USA damit beschäftigt. Seine 'Lady Mohr' mit einem Achtel Onco-Blut ist noch vielen Irisfreunden bekannt. Ihr Dom ist silbergrau, die Hängeblätter hellgelb mit braunen und purpurnen Adern und Flecken. In Europa hat sich die holländische Firma van Tubergen und deren Nachfolger Hoog jahrzehntelang erfolgreich mit Import und Züchtung befaßt. In Deutschland hat sich Dr. Werckmeister mit ihren genetischen Möglichkeiten auseinandergesetzt, und heute beschäftigt sich Herr Mathes in Gladbeck intensiv mit dieser Gruppe. Bei den Tagungen der Iris-Gesellschaft dürfen wir seine wundervollen neuen Züchtungen bewundern. In den USA sollen die C.G. White-Hybriden besonders schön und wüchsig sein mit einem großen Farbspektrum von Silber, Grau, Braunrot, Goldbronze, Lila bis Hellblau mit wunderschöner Zeichnung. In der American Iris Society gibt es eine Aril Society, über die man Samen, Pflanzen und Informationen erhalten kann.

Iris sibirica.

Bartlose Iris (Apogoniris)

Die Wildarten dieser Gruppe sind verbreitet im milden Klima der ganzen nördlichen Halbkugel, in einer breiten Zone, von Westeuropa bis Ostasien und in Nordamerika. Von den zahlreichen Artengruppen sind für unsere Gärten drei wichtig: *Iris sibirica*, *Iris spuria* und *Iris laevigata*.

Iris der Sibirica-Gruppe

Iris sibirica (syn. *I. pratensis*)
Sie ist bekannt als heimische Wieseniris. In Deutschland befinden sich ihre natürlichen Standorte im Rheingau, in Sachsen, an der Havel, an bayrischen Seen und am Bodensee, jeweils in den Feuchtzonen. Sie ist in ganz Europa, aber auch

Iris sanguinea 'Snow Queen' zwischen *Alchemilla mollis*. Durch ihren niedrigen Wuchs ist sie immer noch wertvoll.

auf dem Balkan und in Kleinasien verbreitet – jedoch nicht in Sibirien. Die Höhe der Blütenstiele schwankt zwischen 40 und 100 cm. Die Blüten sind blau, die Hängeblätter länglich und im Schlund geadert. Der Stiel trägt drei bis fünf Blüten. Das schmale, grasartige Laub ist leicht bläulich-grün und hat erhabene Nerven. Die Blütezeit ist Mai bis Anfang Juni.

Iris sanguinea

Diese Art kommt in Sibirien vor, auch in China und Japan, in der Mandschurei und in Korea. Sie ist niedriger als *Iris sibirica*. Ihr Blütenstiel ist kürzer als die überhängenden Blätter, unverzweigt und bringt nur zwei Blüten, die aber größer sind als bei *Iris sibirica* und breite runde Hängeblätter haben. Ihre Blüte ist blauviolett, an der Basis stark geadert auf weißem Grund. Die Blütezeit ist gut eine Woche früher als bei *Iris sibirica*.

Aus Kreuzungen dieser beiden Arten sind viele Hybriden entstanden, die sich durch eine Vielzahl von Blütenfarben in den verschiedensten Tönen von Weiß, Blau, Violett, Purpur und Rosa auszeichnen. Sie werden in der gärtnerischen Praxis als *Iris-sibirica*-Sorten bezeichnet. Sie bevorzugen alle humose, eher feuchte Standorte, vor allem, wenn sie frisch verpflanzt sind, und eher saure als stark kalkhaltige Böden. Im besonderen Maß gilt dies für die purpur- und rosafarbenen sowie die neuen gelben Sorten.

Weitere Arten der Sibirica-Gruppe
Dieselben Ansprüche wie *Iris sanguinea* haben die beiden gelben ostasiatischen Arten *Iris forrestii* und *Iris wilsonii*. *Iris forrestii* kommt auf feuchten Bergwiesen in 3000 bis 4000 m Höhe vor. Die Blüte ist gelb, am Schlund braun geadert. Der Blütenstiel wird je nach Standort 35 bis 55 cm hoch, mit ein bis zwei Blüten von 5 bis 7 cm Durchmesser. Die Blütezeit ist Anfang Juni.

Iris wilsonii blüht in einem helleren Gelb und wird etwa 60 bis 70 cm hoch. Die Domblätter stehen im Gegensatz zu *Iris forrestii* nach außen ab. Die Blüten sind größer und haben am Schlund eine braunrote Zeichnung. Die Blütezeit liegt wie bei *Iris sibirica* Ende Mai. Beide Arten sind in Kombination mit einfachen blauen *Iris sibirica* hübsch am Wasserrand.

Iris chrysographes ist eine besonders schöne Art aus Südwestchina. Ihr Name kommt von der goldenen Zeichnung auf den dunklen Hängeblättern. Der unverzweigte Blütenstiel wird 40 bis 60 cm hoch. Die Blüten sind samtig violett,

Die gelbe *Iris forrestii* (oben) und alle *Iris chrysographes* (unten) brauchen Sonne, Feuchtigkeit und saure Böden, um so reich zu blühen.

Oben: Die europäischen Wildformen der *Iris spuria* behalten im Gegensatz zu den asiatischen Arten im Sommer ihr Laub.

Rechts: Eine schöne Wildform der *Iris ensata*.

manchmal fast schwarz. Da sie viel Sonne, aber gleichzeitig Bodenfeuchtigkeit und möglichst eine hohe Luftfeuchtigkeit will, ist sie für das kontinentale Weinbauklima nicht geeignet. Es gibt eine Reihe wunderschöner Hybriden, die wir in Schottland bei der Firma Drake bewundern konnten, sowie unter anderem *Iris chrysofor*, eine Kreuzung zwischen *Iris chrysographes* × *Iris forrestii*, die aber farblich nicht so schön sind wie die *Iris*-Chrysographes-Hybriden.

Iris spuria und Verwandte

Bei *Iris spuria* handelt es sich um eine große, weitverbreitete Gruppe mit vielen Lokalformen. Man findet sie sowohl in der Rheinebene bei Mainz als auch in Südfrankreich, Spanien, Dänemark, Niederösterreich und Ungarn bis hin nach Nordafrika. Außerdem gibt es die kleinasiatischen Arten, zu denen *Iris orientalis* (syn. *I. ochroleuca*) gehört. Sie blüht im Mai in der Türkei und ist die Ausgangsart für die Züchtung vieler Gartensorten der *Iris spuria*. Bedingt durch die Trockenheit in Kleinasien ziehen die Arten im Sommer zeitig ein, treiben aber im Herbst neu aus. In sehr nassen Jahren kann das zu Fäulnis und Verlust führen. Dafür sind die europäischen Arten, die im Sommer grün sind und spät einziehen, anfälliger für Virusbefall.

Die gartenwürdigen Wildarten mit ihren Hybriden sind im Kapitel „Spuria-Iris für den Garten“, Seite 88 bis 93, beschrieben.

Iris der Laevigata-Gruppe

Iris laevigata

Sie kommt in Ostsibirien vor, am Ufer des Baikalsees, aber auch in China, Japan und Korea. Die Art ist völlig hart und kann dauernd in etwa 15 bis 20 cm tiefem Wasser stehen. Sie braucht einen kalkarmen, sauren Boden und für die Blüten-

bildung volle Sonne. Die Blätter sind glatt und ohne die Mittelrippe der *Iris ensata*. Die Wildform hat blaue Blüten auf meist unverzweigten Stielen, die Blütengröße variiert je nach Standort, die Domblätter stehen aufrecht.

Iris ensata (syn. *I. kaempferi* der Gärten) Sie ist in Japan, China, Korea und der Mandschurei verbreitet. Im Gegensatz zu *Iris laevigata* ist sie keine Sumpf-, sondern eine Wiesenpflanze, die zwar feucht, aber nur vorübergehend im Wasser stehen will. *Iris ensata* verlangt ein absolut saures Substrat. Ihre Höhe beträgt zwischen 60 und 100 cm, die Stengel haben meist einen Seitenzweig. Die Blütenfarbe der Wildarten liegt zwischen blaß lilablau und dunkelviolett. Die Domblätter der Art sind klein. Die Hauptblütezeit ist im Juli nach den *Iris laevigata*.

Iris pseudacorus
Sie ist die einzige europäische Art in der Laevigata-Gruppe, kommt aber auch in Asien, Syrien und Nordafrika vor. In die USA wurde sie eingeführt und ist dort verwildert. *Iris pseudacorus* ist völlig unproblematisch, da sie sowohl im Wasser als auch auf trockenen Standorten wächst bzw. wuchert. Die Blätter sind schilfähnlich, aber dunkelgrün, der Stengel ist verzweigt. Die Blüten sind gelb mit aufrechten Domblättern mit dunkelbrauner Zeichnung am Schlund. Die Blütezeit ist wie bei den hohen Bartiris Mitte Mai bis Juni.

Iris versicolor
Sie ist eine nordamerikanische Parallele zu *Iris pseudacorus*, die im Nordosten der USA einschließlich Virginia und Südost-

Iris laevigata (oben) vertragen seichten Wasserstand, während *Iris ensata* (unten) nur im Sommer naß stehen wollen.

Links: *Iris versicolor* wachsen gut am Wasserrand und vertragen durchaus nasse Füße.

Die wüchsige *Louisiana*-Hybride 'D.K. Williamson' ist nicht nur im Sumpfbeet schön, sie verträgt auch trockenere Standorte und ist eine dekorative Schnittblume.

kanada zu Hause ist. Mit etwa 50 bis 70 cm Höhe ist sie aber kleiner und niedriger als *Iris pseudacorus*. Ihre Blüten sind violett bis purpur. Sie verträgt feuchte bis nasse Standorte, wächst aber auch auf trockeneren Böden und bleibt dort etwas niedriger.

Iris der Louisiana-Gruppe

Die Louisiana-Hybriden entstanden aus Kreuzungen der *Iris brevicaulis* (syn. *I. foliosa*) × *Iris fulva*.

Iris brevicaulis (syn. *I. foliosa*)
Sie kommt in Mississippi-Becken von Louisiana nordwärts bis in den Mittleren Westen vor, besonders in feuchtem Weideland. Diese Art ist bei uns völlig hart. Die Stengel sind etwa 30 cm hoch und zickzackförmig, wobei die schönen blauen Blüten sowohl am Ende als auch in den Blattachseln sitzen.Weil die Blätter etwa 50 cm lang und 3 bis 5 cm breit sind, kann man die Blüten oft im Laub kaum sehen. In feuchten, leicht sauren Böden wuchert sie.

Iris fulva
Sie wächst im Mississippi-Becken bis Missouri und im südlichen Illinois. Sie wird 70 bis 80 cm hoch und hat eine kurze, beblätterte Verzweigung. Die Stengel sind meist zickzackförmig, haben zwei Blüten, und in den Blattachseln sitzen oft auch noch zwei weitere Blüten. Auffallend ist die Blütenfarbe: von metallisch-rosa, terracotta-orange bis zu verschiedenen gelbbraunen Tönen. Leider ist diese Art hier nicht winterhart. Sie braucht guten Winterschutz, und in feuchten, milden Wintern besteht Fäulnisgefahr. Die einzige wirklich absolut harte Hybride ist die Louisiana-Hybride 'Dorothea K. Williamson' (*Iris brevicaulis* × *Iris fulva*) in wunderschönem Purpurviolett.

Die amerikanischen Züchter und Dr. Tamberg in Deutschland sind dabei, wüchsige und harte Hybriden in außergewöhnlichen Lachsorange-Tönen für unser mitteleuropäisches Klima zu züchten.

Zwiebeliris

Für unsere Gärten haben *Iris reticulata* (syn. *Iridodictyum*), *Iris histrioides* und *Iris danfordiae* und ihre Verwandten eine Bedeutung als sehr frühblühende Iris, die schon im Februar bis März durch den Schnee stoßen und deren zarte Blüten unempfindlich gegen Fröste sind.

Iris reticulata (syn. *Iridodictyum reticulatum*)
Sie kommt im Kaukausus bis in die Türkei und den Iran vor. Sie wird 15 bis 20 cm hoch. Das sehr schmale Laub ist etwas höher. Die duftenden, rötlich-violetten Blüten sind etwa 6 cm groß. Von dieser Art gibt es zahlreiche empfehlenswerte Namensorten für den Garten in kalkhaltigen, durchlässigen Böden.

Iris danfordiae (syn. *Iridodictyum danfordiae*)
Sie kommt aus der östlichen Türkei und hat wundervoll duftende hellgelbe Blüten. Durch ihre Blütenfarbe ist sie im Vorfrühlingsgarten wichtig. Es gibt interessante Kreuzungen mit der Art *Iris histrioides*.

Iris histrioides (syn. *Iridodyctium histrioides*)
Ihre Heimat ist das nördliche Kleinasien, der Iran und Armenien. Sie blüht am frühesten, manchmal schon Ende Januar, in strahlendem Enzianblau. Sie wird nur etwa 8 cm hoch, aber die Blüten sind größer als bei den Reticulata-Sorten.

Im Handel findet man meistens die sehr empfehlenswerte *Iris histrioides* var. *major*. Leider ist die Pflanze, vor allem die Knospen, sehr schneckengefährdet.

Die Zwiebelchen von *Iris reticulata* und hier *Iris histrioides* 'Major' erhält man für wenig Geld. Die Freude an diesen frühen Schätzen ist ein Vielfaches wert.

Iris latifolia (syn. *Iris xiphioides*) findet man in den Pyrenäen manchmal neben den roten Fruchtständen von Seidelbast oder zusammen mit Eisenhut. Es gibt auch wenige weiße Typen.

Iris latifolia (syn. *I. xiphioides*)
Diese Art kommt in den Pyrenäen vor und wächst dort meistens auf feuchten Wiesen. Sie wird etwa 60 cm hoch und hat zwei bis drei tiefblaue große Blüten mit goldgelbem Schlundfleck. Selten sieht man eine weiße Form. Sie wächst gut im Garten, wenn sie vollsonnig, aber etwas feucht steht. Wer im Juni/Juli blühende Iriswiesen in den Pyrenäen gesehen hat, wird diesen überwältigenden Eindruck nie vergessen.

Iris xiphium, Spanische Iris (syn. *Xiphium vulgare*)
Wildformen, die sehr variabel sind, kommen in Portugal, Spanien und Nordwestafrika vor. Sie werden etwa 60 cm hoch mit zwei Blüten von bis zu 12 cm Durchmesser. Die Wildformen sind hell- bis dunkelpurpur mit gelbem Strich auf den Hängeblättern. Es gibt verschiedene gartenwürdige Hybriden, die leichten Winterschutz brauchen. In der Treiberei sind die Sorten weitgehend durch die sogenannten Holländischen Iris (*Iris*-Hollandica-Hybriden) ersetzt worden. Diese Iris haben wohl heute weltweit die größte Anbaufläche und wirtschaftliche Bedeutung. In Europa ist Holland führend, daher auch ihr Name. Sie stammen jedoch nicht aus Holland, sondern sind Kreuzungen verschiedener Xiphium-Arten und deren Hybriden. Es gibt jährlich neue Sorten, und sie werden das ganze Jahr hindurch kultiviert. Für den Garten haben sie kaum Bedeutung, da sie nicht langlebig sind.

Beim Anblick dieser Iriswiesen vor der gigantischen Bergwelt der Pyrenäen ist man einfach überwältigt! ▷

Züchtung

Hier steht die wüchsige mittelblaue 'Shipshape' neben weißem Fingerhut.

Hohe Bartiris (Iris-Barbata-Elatior-Gruppe)

Im 19. Jahrhundert waren es die Franzosen De Bure, Jacques (Obergärtner der königlichen Domäne Neuilly) und Lemon, die aus von Bienen bestäubten Iris über 100 Namenssorten selektierten und in den Handel brachten. Wir kennen heute noch die Sorten 'Jacquesiana' (kupferbraun), die goldgelbe 'Sherwin Wright' und vor allem die berühmte blaue Plicata 'Mme. Chéreau' (1844). In England beschäftigten sich nach 1880 Peter Barr, Robert Parker und Thomas Ware mit Auslesen. Amos Perry kreuzte bereits gezielt. Die ersten handbestäubten Züchtungen in Deutschland wurden nach 1890 von der Firma Goos & Koenemann in Niederwalluf im Rheingau herausgebracht. Es sind wüchsige und reichblühende Sorten dabei, die heute noch ihre Berechtigung haben, vor allem in Gegenden, wo die großen tetraploiden Neuzüchtungen versagen (siehe Seite $$). Damals dachten die Züchter, daß eine Steigerung an Schönheit und Vielfalt unmöglich sei! Die Gärtnerei Goos & Koenemann (auch durch Pfingstrosenzüchtungen berühmt) existierte von 1885 bis in den zweiten Weltkrieg, und heute finden sich noch viele ihrer Züchtungen in den Katalogen. Im gleichen Zeitraum brachte der Betrieb Vilmorin bei Paris Züchtungen in den Handel, darunter die lange Zeit geführte 'Ambassadeur', und wenige Jahre später war es Ferdinand Cayeux, der Urgroßvater des heutigen Züchters an der Loire, der sehr erfolgreich züchtete und viele Auszeichnungen erhielt. Von ihm stammen z.B. 'Pluie d'Or', 'Jean Cayeux' und 'Mme. Louis Aureau', um nur einige zu nennen, die Jahrzehnte in den Katalogen standen.

In England war der erfolgreichste Züchter Arthur J. Bliss. Er verkaufte sein Sortiment an den Betrieb Wallace, der sehr viel Geld damit verdiente, da vor und besonders nach dem ersten Weltkrieg viele europäische Züchtungen in die USA verkauft wurden.

Ein Amateurgärtner in Pennsylvania, Bertrand H. Farr mit einem Musikgeschäft, bekam einen englischen Katalog und bestellte über 100 Sorten Iris und etliche Päonien. Er war so begeistert, daß er sein Geschäft verkaufte und eine Gärtnerei gründete. Dort züchtete er nicht nur viele eigene Sorten, sondern importierte von allen europäischen Züchtern. Ihm folgten die Brüder Sass, Miss Grace Sturtevant und zahllose andere. In den Staaten brach ein „Irisrausch" aus, und nachdem 1920 die amerikanische Irisgesellschaft gegründet wurde, werden dort weltweit alle Züchtungen registriert.

Bis 1995 waren insgesamt etwa 42000 Sorten registriert. Im Jahresdurchschnitt werden etwa 800 neue Sorten registriert, 1995 waren es sogar 1083, davon 75% Bartiris und 25% bartlose. Die weitaus meisten Züchtungen stammen aus den USA. In dem riesigen Land konnte sich die Züchtungsarbeit kontinuierlich weiterentwickeln, während in Europa, vom Krieg gezeichnet, auf den Irisfeldern Gemüse angebaut wurde. In den USA gab es sowohl den Markt interessierter Liebhaber wie auch das nötige Kapital, um riesige Betriebe speziell für Iris aufzubauen. Aufwendige und teure Züchtungskonzepte machten die Sortenentwicklung möglich. Ein großer Teil der Züchtungen aus dem Süden der USA sind in Mitteleuropa leider nicht hart. Dagegen sind Sorten, die aus klimatisch ähnlichen Regionen wie z.B. Oregon kommen, auch hier wüchsig. An der Spitze steht die Gärtnerei Schreiner aus Salem/Oregon mit 100 ha Iris, die für ihre Spitzen-

Robert Schreiner, der wohl heute bedeutendste Iriszüchter *(Iris barbata)* in den USA mit Frau von Stein-Zeppelin bei der Bewertung seiner Sämlinge.

sorten die höchsten Auszeichnungen erhielt. Alle Nuancen der blauen Iris müssen sich an den Schreinerschen Züchtungen messen, die gerade in dieser Farbe führend sind. Enzianblau ist schon in greifbare Nähe gerückt! Cooley in Silverton/Oregon, nur etwa 30 km von Schreiner entfernt, bewirtschaftet ebenfalls 100 ha Hohe Bartiris und verschickt diese weltweit. Mr. Ernst, der Schwiegersohn von Cooley, bringt auch jedes Jahr gute Neuzüchtungen heraus. Einige wichtige Züchter in USA sind außerdem: Bee Warburton (die im Januar 1996 verstarb), Ben Hager, Keith Keppel, David Niswonger, Mr. und Mrs. Aitken und bei den *Iris sibirica* Dr. McEwen und Dr. McGarvey und sehr viele andere. Die Züchter sind jeweils bei den Sortenangaben genannt.

Der bekannteste Züchter in Australien ist Blyth, der für seine Bartiris (vor allem Amoenas) immer wieder Auszeichnungen erhält, sowohl in USA wie in Florenz. In England haben nach dem 2. Weltkrieg Taylor, das Ehepaar Brummitt und die Firma Kelway gute Züchtungen herausgebracht, die teilweise auf der IGA München gezeigt wurden. Die Züchtungen von Bartlett, Dodsworth und Nichol sind wüchsig und wurden in Wisley ausgezeichnet, sind aber hier kaum bekannt. Nachdem die Exportbeschränkungen gefallen sind, wird sich das sicher ändern.

Der größte und bedeutendste Irisbetrieb in Europa ist Cayeux in Poilly-Lez-Gien, Frankreich. Richard Cayeux ist Iriszüchter in der vierten Generation; er hat seit einigen Jahren alle anderen Kulturen aufgegeben und widmet sich ganz der Iriszüchtung. Seine Sorten werden auch in den USA anerkannt und verkauft. Ein weiterer Züchter ist Anfosso in Südfrankreich, der dort, klimatisch begünstigt, auch *Iris louisiana* anbauen kann und einige gute Sorten Bartiris herausgebracht hat.

Michel Bourdillon in Sologne kultiviert neben *Hemerocallis* ein sehr großes Iris-Sortiment, sowohl Bartiris wie auch *Iris sibirica*.

Die Züchtung bei den Zwergiris

Sie beginnt viel später als die der hohen Bartiris. Dabei spielen Zwergiris heute bei den vielen kleineren Gärten eine wichtige Rolle, denn sie lassen die Irisblüte vier Wochen früher beginnen. An den heutigen Hybriden sind hauptsächlich beteiligt: *Iris lutescens* (syn. *I. chamaeiris*), weiter eine Form derselben, die als *Iris virescens* bekannt wurde, und *Iris pumila* (fälschlicherweise oft für Iris-Barbata-Nana gebraucht). Von der Art *Iris pumila* gibt es allerdings schon viele Naturhybriden mit verschiedenen Ein-

Diese herrliche Wiese mit *Iris pumila* in vielen Farben blüht im Burgenland. Man riecht förmlich den Duft!

kreuzungen, je nach der Region, in der sie vorkommen. 1899 brachten Goos & Koenemann die ersten Zwergiris in den Handel, Kreuzungen mit *Iris lutescens* davon finden wir als 'Cyanea' (oder auch *Iris cyanea*) und *Iris excelsa* noch heute in den Katalogen. Aber die leuchtenden Farben und vielen Varianten entstanden erst durch das Einkreuzen von *Iris pumila*. Schreiner/Oregon ließ sich in den dreißiger Jahren *Iris-pumila*-Samen von der Krim schicken, aus Rumänien und aus Wien. Schreiner und P. Cook fanden heraus, daß es bei den Krimsämlingen gute rötliche Farbtöne gab, daß die von Rumänien bessere Form und Substanz hatten, und die Wiener fielen durch bessere Blautöne auf. So wurden sie nun gezielt untereinander gekreuzt. Paul Cook entdeckte noch, daß sich *Iris pumila* mit tetraploiden hohen Bartiris kreuzen lassen und die Bandbreite dadurch noch wesentlich erweitert wird.

Mrs. Bee Warburton schreibt in ihrem Irisbuch „The World of Iris", daß sich die Schönheit und die breite Farbpalette von drei Irisgruppen davon ableiten, daß *Iris pumila* eingekreuzt wurde: die Miniaturiris, die Zwergiris und die Intermedia-Iris.

In den fünfziger Jahren sammelte Prof. Randolph aus den USA mit Hilfe von Prof. Hanselmayer aus Österreich *Iris pumila* an ihren natürlichen Wuchsorten in Österreich und auf dem Balkan bis ans Schwarze Meer.

Ich habe einmal in der Nähe von Bratislava (Preßburg) eine blühende Pumila-Wiese gesehen und war überwältigt von der ungeheuren Farbenvielfalt: Weiß – Grüngelb – Gelb – Lachs – Lila – Purpur – Violett, mit und ohne dunkle Flecken auf den Hängeblättern. Dazwischen standen *Sempervivum* und *Adonis vernalis*. Auch der Duft ist intensiv und sehr verschieden: Vanille, Zitrone, Heliotrop und Veilchen. Aber um das zu ergründen, muß man sich auf den Bauch legen!

Es ist sehr schade, daß diese reizenden Zwerge in unseren Gärten nicht langlebig sind. Aber die heutigen Hybriden mit ihrer riesigen Farbpalette sind wüchsig, und sie erobern sich immer mehr kleine Gärten und große Pflanztröge. Zum Glück ist der herrliche und so verschiedene Duft mitvererbt worden.

Die Züchter in Deutschland

Ich habe den Versuch unternommen, die wichtigsten deutschen Züchter nach dem zweiten Weltkrieg (erst ab 1955 wurden die Züchtungen registriert) chronologisch aufzulisten, mit jeweils einigen markanten Sorten, die den Anspruch erfüllten, hier in Mitteleuropa wüchsig und blühwillig zu sein. Viele stehen heute noch in den Gärten, und die Älteren von uns erinnern sich an die Freude und Überraschung, die sie damals auslösten. Bemerkenswert ist, daß von den Züchtern nur ein Drittel von Beruf Gärtner sind, die anderen sind Pflanzenliebhaber (oder Hobbyzüchter).

Es tut mir leid, wenn einige Züchter nicht erwähnt sind, aber bei der Überfülle der Neuregistrierungen ist es unmöglich, alle zu kennen. Die Bewertung neuester Sorten, die sich herauskristallisieren, soll einem Buch der nächsten Generation überlassen werden, denn viele sind natürlich auch Eintagsfliegen, die nie in den Handel kommen. Hier ist die Spannung und Freude des Züchters das Wesentliche.

Dr. Alexander Steffen, Erfurt (Registrierungen von 1960): Dieser wichtige Pflanzenzüchter steht an erster Stelle, da er schon vor dem Krieg die bekannte *Iris sibirica* 'Phosphorflamme' gezüchtet hat. Bekannte und weit verbreitete Hohe Bartiris: 'Goldfackel', 'Frühlingslied', 'Große Zitrone', 'Pascha'.

Dr. Herta van Nes, Konstanz (Registrierungen 1955 bis 1966): Von ihr stammen sehr viele Zwergiris, die weit verbreitet sind, wie z.B. 'Ragusa', 'Blauer Pfeil', 'Glycilla', 'Schwanensee', 'Gletscherspalte', 'Maienhimmel', 'Sonnenland', 'Himmelsauge', 'Mephisto' u.v.a. Intermedia-Iris: 'Findelkind' und 'Lichtelfe'.

Werner Dorn, Aachen (Registrierungen 1958): Hohe Bartiris 'Farbenspiel'. Herr Dorn versuchte, durch Einkreuzen von *Iris croatica* widerstandsfähige Sorten zu züchten. Sein Verdienst ist auch, die deutschen Züchtungen vermehrt und verbreitet zu haben.

Helen von Stein-Zeppelin, Laufen (Registrierungen 1955 bis 1962): Hohe Bartiris: 'Hindemith', 'Ravel', 'Missa Solemnis', 'Impromptu', 'Aglaja von Stein'. Auch hat sie sehr viele deutsche Züchtungen von Frau van Nes und Herrn von Martin vermehrt und in den Handel gebracht.

Prof. Dr. Biesalski, Berlin (Registrierung 1958): Vom ersten Vorsitzenden der Deutschen Irisgesellschaft sind noch in Erinnerung die hohen Bartiris-Sorten 'Die Schöne Lau' und 'Der Kleine Postillion'.

Max Steiger, Lauf/Pegnitz (Registrierungen 1956 bis 1964): Er beschäftigte sich hauptsächlich mit der Züchtung von *Iris ensata* (syn. *I. kaempferi* der Gärten), um Sorten zu züchten, die weniger empfindlich gegen Kalk sind: 'Blauer Berg', 'Gefüllte Orchidee', 'Wella', 'Pirouette in Rot', 'Biedermeierzeit' u.a. Von seinen *Iris sibirica* ist die bekannteste 'Weißer Orient'.

Siegfried Ziepke, Bensheim (Registrierungen 1964 bis 1967): Zwergiris 'Weißer Dreispitz', Hohe Bartiris 'Nachtfalter' und eine der besten Intermedia-Iris: 'Morgendämmerung'.

Hermann Hald, Leonberg-Pfedelbach: Herr Hald hat viele reichblühende und ansprechende Zwerg- und Hohe Bartiris gezüchtet. Leider sind nur drei davon registriert worden, 'Operette', 'Volkslied' und 'Pathétique', aber keine seiner Züchtungen ist vermehrt und in den Handel gebracht worden, sondern sie sind nur an Freunde und Besucher, denen sie gefielen, verschenkt worden. Durch seine und seiner Frau aufopfernde und ehrenamtliche Arbeit als Vorsitzender und Präsident zuerst für die Deutsche Irisgesellschaft, dann Iris- und Liliengesellschaft und schließlich die Gesellschaft der Staudenfreunde über 37 Jahre blieb einfach zu wenig Zeit, sich um die eigenen Dinge zu kümmern. Nur die *Iris sibirica* 'Strohgäuperle', die Halds Frau von Stein schenkten, wurde bei uns vermehrt, und sie kann den Vergleich mit guten USA-Sorten aufnehmen.

Eckard Berlin, Biberach/Riss (Registrierungen 1967 bis 1981): Er ist bei all seinen Züchtungen bemüht, Sorten zu finden, die im rauhen oberschwäbischen Klima wachsen und blühen. Zwergiris: 'Toskanerprinz', 'Biberach', 'Oberschwaben', 'Blautopf' und 'Bembes' sind bewährte Sorten. *Iris sibirica:* 'Laurenbühl', 'Elmeney' und 'Stilles Wasser'. *Iris-pseudacorus*-Hybriden: 'Fahle Ilge', 'Beuron' und 'Ilgengold'.

Erhard Wörfel, Hattersheim (Registrierungen 1976 bis 1990): Hohe Bartiris: 'Despina', 'Leporello', 'Berthalda', 'Unolf', 'Papagena', 'Sempronio' sind einige seiner wüchsigen und gut verzweigten Sorten.

Eva Heimann, Berlin (Registrierungen 1976 bis 1984): Hohe Bartiris: 'Berliner Charme', 'Berliner Eis', 'Berliner Nacht', 'Leopold Großmann', 'Krapplack' u.v.a. Zwergiris: 'Vorfreude' und 'Spitzbube'. Frau Heimann erhielt für ihre Züchtungen Auszeichnungen bei der Gesellschaft der Staudenfreunde und der Zwergiriskonkurrenz in Wien.

Manfred Beer, Böhlitz-Ehrenberg (Registrierungen 1981 bis 1995): Hohe Bartiris: 'Gitta', 'Blacky', 'Carmen Knepper', 'Biggi', 'Nani F.' u.v.a.

Lothar Denkewitz, Hamburg (Registrierungen 1980 bis 1995): Hohe Bartiris: 'Alstersegel', 'Sommersymphonie', 'Sehnsucht', 'Canadas Himmel', 'Kleine Libelle'. Zwergiris: 'Kolksee', 'Sankt Pauli', 'Hamburger Michel', 'Hamburger Nacht' u.v.a. Hier können wir noch weitere interessante und wüchsige Zwergiris-Sorten erwarten.

Dr. Tomas Tamberg, Berlin (Registrierungen 1978 bis 1995): Er ist neben Herrn Moos heute wohl der wichtigste Iriszüchter in Deutschland. 1994 erhielt er die höchste englische Auszeichnung: The Foster Memorial Plaque. Seine Züchtungen haben weltweit Auszeichnungen erhalten. Seine interspezifischen Kreuzungen zwischen *Iris californica* × *I. sibirica* = *calsib*, zwischen *I. sibirica* × *I. setosa* und *I. versicolor* × *I. laevigata* versprechen noch große Überraschungen. Hier sind es u.a. die bessere Härte und Farbenvielfalt, die durch diese Kreuzungen erreicht werden. Insgesamt sind von Dr. Tamberg 75 Sorten registriert. Folgende Bartiris von ihm stehen heute in den Gärten: BB-Sorte 'Berlin Glow', TB-Sorten 'Berlin Snow', 'Christine Böhm', 'Ursula Vahl' und 'Märkisch Weiß'.

Harald Moos, Hannover (Registrierungen 1984 bis 1995): Ein Liebhaberzüchter, hauptsächlich der hohen Bartiris, der schon beachtliche Erfolge erzielte und von dem sicher noch viel zu erwarten ist. Wichtig scheint mir, daß seine besten Züchtungen vermehrt und verbreitet werden, da er als Privatmann dazu nie Platz und Zeit hat. Für ihn steht die Züchtung im Vordergrund. Seine TB-Sorte 'Großer Garten' erhielt 1994 in Florenz den dritten Preis und eine Auszeichnung für die beste blaue Iris.

Züchter in Österreich

An dieser Stelle möchte ich auch zwei Österreicher erwähnen, die sich um die Iris sehr verdient gemacht haben. Herr Rudolf Hanselmayer, der bis zu seinem Tod 1963 für und mit amerikanischen Züchtern die echten *Iris pumila*, die ja schon in der Nähe von Wien bis Preßburg (Bratislava) bis zum Schwarzen Meer wachsen, sammelte, versuchte farbigere Hybriden durch Kreuzung mit *Iris orientalis* (syn. *I. chamaeiris*) zu erzielen. Diese kamen dann über die USA wieder nach Deutschland. Die meisten amerikanischen Zwergiris entstammen jedoch Kreuzungen zwischen *Iris pumila* und tetraploiden hohen Bartiris.

Auf der IGA Hamburg 1963 und 1964 bei der IGA in Wien wurden zum ersten Mal große internationale Sortimente alter und neuer Zwergiris und Intermedia-Iris gezeigt. Dabei entstand der Gedanke, ein jährliches Symposium für diese Arten ins Leben zu rufen. Wien war klimatisch der geeignete Ort dafür. Dank des unermüdlichen Einsatzes von Professor Franz Kurzmann wurden sowohl europäische wie amerikanische Züchtungen von Iris in Kagram, der Gartenbauhochschule von Wien, systematisch aufgepflanzt und bewertet. Die höchste Auszeichnung war der Staatspreis. Es ist außerordentlich bedauerlich, daß nach dem frühen Bergtod von Professor Kurzmann im September 1985 sich niemand fand, der diese Aufgabe fortsetzt.

Der „Iris-Code“

Iriszüchter und -liebhaber benutzen oft eine eigene Terminologie, um sich über Sorten- oder Farbgruppen zu verständigen.

Hier sollen die wichtigsten Fachausdrücke erklärt werden, auf die man beim Lesen in Artikeln oder Katalogen stößt und die nicht ohne weiteres verständlich sind.

Farbbezeichnungen

Amoena
Gruppenbezeichnung für eine Farbkombination: Dom weiß, Hängeblätter blau, violett oder purpur, bei neueren Züchtungen auch gelb, rosa oder braun, oft mit weißem Rand.

Bicolor
Zweifarbig, Dom und Hängeblätter haben verschiedene Farben (andere Kombinationen als bei Amoena, Variegata und Plicata).

Bitone
Zweitonig (bei alten Sorten neglecta); Dom und Hängeblätter haben zwar dieselbe Farbe, sind aber verschieden in der Tiefe des Farbtones, die Hängeblätter sind dunkler.

Blend
Mischfarben, sie sind schwer zu beschreiben, oft chamois mit Rosa, Lila und Braun; diese Iris sind interessant als Schnittblumen.

Plicata
Bezeichnung für eine bei Bartiris vorkommende Farbverteilung, auf weißem, getöntem oder gelbem Grund ein schmales oder breiteres Band von dunklen

Links: „Amoena“ nennt man die Bartiris mit weißem Dom und blauen Hängeblättern.

Rechts: „Bicolor“ sind Iris mit Dom und Hängeblättern in verschiedenen Farben.

„Bitone“ bedeutet, daß Dom und Hängeblätter dieselbe Farbe haben, aber in verschiedenen Nuancen.

Links: „Blend“ nennt man unbeschreibliche Farbmischungen von Lachs-, Braun-, Rosa- und Lilatönen. Sie sind weniger Gartenblumen als apart für die Vase.

Rechts: Einen hellen Fleck auf den farbigen Hängeblättern unter dem Bart nennt man „Spiegel“.

Eine typische blaue Plicata. Dom und Hängeblätter haben auf weißem oder getöntem Grund dunkle Ränder.

Punkten oder Adern in Blau, Purpur, Braun oder Himbeerrot; beim Dom ist die Zeichnung nicht so abgegrenzt wie bei den Hängeblättern.

Spiegel
Weiße oder helle Mitte auf den dunkler gefärbten Hängeblättern.

Spot
Ein andersfarbiger größerer Fleck auf den Hängeblättern unter dem Bart; kommt oft bei Zwergiris vor.

Tangerine
Bezeichnung für orangerote Farbe des Bartes.

Variegata
Farbmusterbezeichnung für gelben bis honigfarbigen Dom und dunkle, meist braune bis braunrote Hängeblätter, mit oder ohne gelben Rand.

Weitere Begriffe

Bart
Ein aus Haaren gebildeter Saum auf den Hängeblättern, meist gelb, aber auch weiß, blau, braun oder krapprot, typisches Merkmal der Bartiris (Pogoniris).

Dom
Die drei inneren Blütenblätter, die bei Bartiris gewölbt nach oben stehen und meist geschlossen sind; bei anderen Irisgruppen sind sie oft schmal und aufrecht stehend (*Iris sibirica*) oder fast waagerecht.

diploid
Bezieht sich auf den Chromosomensatz, der doppelt vorhanden ist – einer stammt

Oben: Ein Spot ist ein dunkler Fleck auf den Hängeblättern. Unten: Variegata-Hybriden haben gelbe Dom- und braunrote Hängeblätter.

von der Mutter, der andere vom Vater; diploid sind die meisten Arten oder ältere, kleinblumige Züchtungen, die aber reichblühend, wüchsig und widerstandsfähig und daher auch für rauhere Gegenden geeignet sind (vgl. „tetraploid").

Griffeläste
Sie sind breit, dreifach gegabelt und sitzen am Schlund über dem Bart.

Hängeblätter
Die drei äußeren Blumenblätter der Iris, bei alten Sorten schmaler und mehr nach unten hängend, bei neueren Sorten breit und fast waagerecht ausgebreitet (besonders bei Zwergiris); dienen den Insekten als Anflugbasis.

Intermedia
Bartiris, die sowohl von der Blütezeit wie von der Höhe zwischen der Zwergiris und der hohen Bartiris liegen.

Lilliput
Andere Bezeichnung für Zwergiris (Iris Barbata Nana), Höhe bis 40 cm.

Media
Umfaßt alle Bartiris, die in der Höhe und Blütengröße zwischen Zwerg- und hoher Bartiris stehen.

Pumila
Ein Name für eine Zwergirisart; nicht immer richtige Bezeichnung für Zwergiris-Hybriden.

Substanz
Die Festigkeit und Dicke des Blumenblattes, die bei Neuzüchtungen hoch bewertet ist, da sie die Widerstandsfähigkeit gegen Wind und Regen erhöht und dadurch die Blütedauer verlängert.

Tetraploid
Vierfacherbig; hier wurde der Chromosomensatz natürlich oder durch Manipulation, z. B. durch Einkreuzen von vorderasiatischen tetraploiden Spezies oder durch Colchizin-Behandlung, von diploid auf tetraploid, verdoppelt; das Ergebnis bei fast allen modernen Iris: ein höherer Wuchs, bessere Substanz und große Farbenvielfalt.

Ein großflächig bepflanzter Hang mit Iris-Barbata-Nana, im Vordergrund *Potentilla*. ▷

Bartiris für den Garten

Die Zwergiris-Sorten (Iris-Barbata-Nana-Gruppe)

Die Zwergiris werden noch einmal in zwei nach der Höhe unterschiedene Gruppen geteilt. International sind die englischen Bezeichnungen Miniature Dwarf Bearded (MDB) und Standard Dwarf Bearded (SDB) gebräuchlich. Da die Züchtung dauernd im Fluß ist, sollen hier Sorten vorgestellt werden, die sich in Deutschland bewährt haben und die farblich beim Publikum ankommen. Gerade das deckt sich oft nicht mit den Neuzüchtungen aus den USA und England, die dort hohe Auszeichnungen bekommen, hier aber wegen ihrer blassen oder gar „schmuddeligen" graugrünen Farben nicht ansprechen und daher trotz anderer guter Eigenschaften nicht verkauft werden. Im Unterschied zu den hohen Bartiris haben viele Sorten auf den Hängeblättern einen dunkleren Spot und viele einen auffallend blauen Bart, wie z.B. 'Serenity Prayer' oder 'Stockholm'.

In der Auflistung nach Farben (Seite 53–58) sind die Miniature Dwarf Bearded mit MDB, die Zwergiris (Standard Dwarf Bearded) mit SDB bezeichnet. Sie blühen etwa 14 Tage früher und eignen sich durch ihren kleinen Wuchs auch gut für kleine Tröge und Dachgärten mit wenig Substrat. In Klammern finden Sie das Züchtungsland (hier auffallend viele deutsche und englische Züchtungen), den Züchter und das Einführungsjahr angegeben.

Wuchshöhen der verschiedenen Bartiris-Gruppen

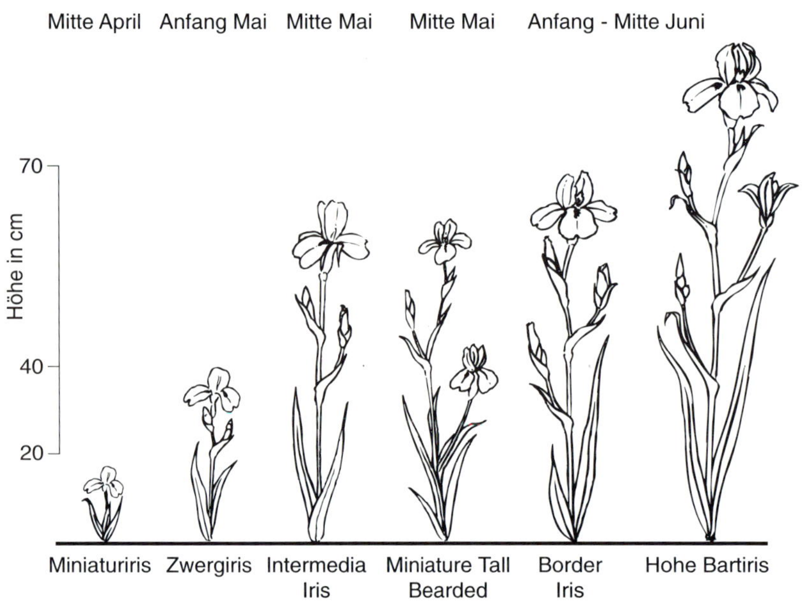

MDB – Miniature Dwarf Bearded
Niedrige Sorten, die in der Blütezeit höchstens 20 cm erreichen. Es handelt sich um die frühesten Arten und Sorten (April, Anfang Mai). Entsprechende Wildarten sind in der Kultur ziemlich problematisch, aber sehr wichtig für die Züchtung der Gartenhybriden, die viel anpassungsfähiger sind.
Die höchste Auszeichnung ist die Caparne-Welch Medal (CWM). Sie wird jährlich in den USA an eine Sorte vergeben. Den Award of Merit erhalten drei Sorten jährlich.

SDB – Standard Dwarf Bearded
Die 21 bis 40 cm hohe Sorten blühen meist von Ende April bis Mitte Mai. Die höchste Auszeichnung ist die Cook-Douglas Medal (CDM). Sie wird in den USA jährlich an eine Sorte vergeben.Vier Sorten jährlich erhalten einen Award of Merit.

Farbgruppe	Sorte	Gruppenzugehörigkeit	Farbe Bemerkungen (D = Dom, H = Hängeblätter)	Land, Züchter, Einführungsjahr Auszeichnungen CDM = Cook-Douglas Medal, CWM = Caparne-Welch Medal
Weiß	'Bright White'	MDB	weißer Zwerg	GB, Welch 1960
	'Chalk Mark'	SDB	glatte Blüten, niedrig	USA, Plough 1975
	'Cotton Blossom'	SDB	elfenbein weiß; erhielt höchste Auszeichnung	USA, B. Jones 1970 CDM 1975
	'Serenity Prayer'	SDB	weiß mit dunkelblauem Bart	USA, Dyer 1989 CDM 1995
Blaue Plicata	'Dunlin'	MDB	lila Strichelung auf Weiß;	GB, Taylor 1981 Auszeichnungen in Wien und München
	'Jenny Grace'	SDB	blaue Zeichnung; sehr reichblühend	USA, Warburton 1978
	'Kleine Möwe'	SDB	violette Zeichnung; Zitronenduft	D, Denkewitz 1995
	'Westwell'	SDB	kräftige violette Zeichnung	GB, Taylor 1979

Die Miniaturiris 'Dunlin', eine helle Plicata.

Durch die ganz waagerechten Hängeblätter sieht man bei den modernen Zwergiris - hier die Sorte 'Boo' - viel Farbe.

Farbgruppe	Sorte	Gruppenzugehörigkeit	Farbe Bemerkungen (D = Dom, H = Hängeblätter)	Land, Züchter, Einführungsjahr Auszeichnungen CDM = Cook-Douglas Medal, CWM = Caparne-Welch Medal
Blaue Amoena	'Boo'	SDB	D weiß, H violett, weißer Rand	USA, Markham 1971
	'Sky and Snow'	SDB	D blau, H nahezu weiß; höhere Sorte	USA, Warburton 1972
Weinrote Amoena	'Grandma's Hat'	MDB	D creme, H purpur; sehr früh	USA, Mahood 1957
	'Making Eyes'	SDB	D weiß, H purpur; auffallend	Australien, Blyth 1982
Gelbe Amoena	'Dashaway'	SDB	D cremeweiß, H zitronengelb	USA, Kenneth-Waite 1978
	'Sonnentrude'	SDB	D hellgelb, H leuchtend gelb; besonders wetterfest	D, Denkewitz 1985
	'Sun Fairy'	MDB	D creme, H goldgelbe Mitte, heller Rand	USA, Brown 1971
Hellblau	'April Ballet'	MDB	D hell, H mittelblau	USA, C. Palmer 1973
	'Bay Ruffles'	SDB	runde, hellblaue Blüten	USA, Warburton 1985
	'Eiswürfel'	SDB	D wasserblau, H hellblau	D, Denkewitz 1989
	'Key Heaven'	SDB	einheitlich hellblau, weißer Bart	GB, Taylor 1971
	'Raindance'	SDB	kräftig hellblau; spätblühend	USA, Jones 1979 CDM 1986
	'Sapphire Gem'	SDB	reines Hellblau	USA, Schmelzer 1975
	'Sapphire Jewel'	SDB	hellstes Blau, blauer Bart	USA, Hamblen 1978 CDM 1984, Staatspreis Wien

Farbgruppe	Sorte	Gruppenzugehörigkeit	Farbe Bemerkungen (D = Dom, H = Hängeblätter)	Land, Züchter, Einführungsjahr **Auszeichnungen** CDM = Cook-Douglas Medal, CWM = Caparne-Welch Medal
Mittelblau	'Katy Petts'	SDB	D hell, H dunkler, leuchtend	GB, Taylor 1978 Auszeichnung IGA München
	'Pepita'	SDB	alte, sehr bewährte Sorte; dunkler Spot auf H	USA, Schreiner 1965
Dunkelblau und Violett	'Adrienne Taylor'	SDB	veilchenblau; sehr wüchsig	GB, Taylor 1963
	'Cyanea'	MDB	uralt und immer wieder schön; früh- und reichblühend	D, Goos & Koenemann 1899
	'Double Lament'	SDB	dunkelviolett, H samtig	GB, Taylor 1969
	'Little Episode'	SDB	rötlich-violett, H dunkler Spot	USA, Rawlins 1981
Schwarzblau	'Dark Vader'	SDB	rötlicher Schimmer, blauer Bart	USA, Miller 1987 CDM 1993
	'Demon'	SDB	schöne Form, spät, verzweigt	USA, Hager 1972
	'Hamburger Nacht'	SDB	D violett, H purpur	D, Denkewitz 1980
	'Michael Paul'	SDB	purpurschwarz, H samtig	USA, Jones 1979 CDM 1985
	'Samtpfötchen'	SDB	schwarz-mahagoni, violetter Bart	D, Denkewitz 1989

Hier leuchtet 'Hamburger Nacht' im Gegenlicht.

Seite 56: ▷
Oben links: 'Samtpfötchen' hat wirklich samtige Hängeblätter.
Oben rechts: 'Orchid Ray' - besonders reich und lange blühend.
Unten links: Die braune 'Gingerbreadman' mit dem blauen Bart ist sehr apart.
Unten rechts: 'Toskanerprinz' ist ein frischer Massenblüher, schön zwischen dunklen Aubrietienpolstern.

Farbgruppe	Sorte	Gruppenzugehörigkeit	Farbe Bemerkungen (D = Dom, H = Hängeblätter)	Land, Züchter, Einführungsjahr Auszeichnungen CDM = Cook-Douglas Medal, CWM = Caparne-Welch Medal
Mittelviolett	'Kolksee'	SDB	blaulila; besonders spät, lange Blütezeit	D, Denkewitz 1978
	'Marhaba'	MDB	violett, weißer Bart; lange Blüte, reizend	GB, Taylor 1970
	'Myra's Child'	SDB	leuchtende Gartenfarbe	USA, Greenlee 1971
	'Sankt Pauli'	SDB	purpurviolett, einschließlich Bart	D, Denkewitz 1981
Lila-Rosa	'Fairy Ballet'	SDB	D orchideenrosa, H dunkler	USA, Sarro 1968
	'Little Dream'	SDB	lilarosa, weißer Bart	USA, Schreiner 1970
	'Orchid Ray'	SDB	lilarosa mit lila Adern durchzogen; sehr reichblühend	USA, Brown 1972
Purpurrot	'Candy Apple'	SDB	weinrot, blauer Bart; spätblühend	USA, Hamblen 1972
	'Church Stoke'	SDB	rotviolett, weißer Bart	GB, Taylor 1980
	'Moon Sundae'	SDB	lilarot, H dunkler; verzweigt, schöner Farbfleck	USA, Blith 1974
Braunrot	'Bembes'	SDB	rostrot, auffallend	D, Berlin 1972
	'Little Bucaneer'	SDB	kastanienbraun, gelber Bart	USA, Schreiner 1974
	'Lollipop'	SDB	braunrot, violetter Bart	USA, Hager 1977
	'On Fire'	SDB	warmes Braunrot, blauer Bart	USA, McClintock 1979
	'Rote Laterne'	SDB	rotbraun, H dunkler	D, Denkewitz 1986
	'Ruby Contrast'	SDB	Mahagonifarbe mit auffallend blauem Bart	USA, Brown 1971
Kupfer bis Braun	'Bickbeer & Karamell'	SDB	goldbraun mit blauem Bart	D, Denkewitz 1985
	'Gingerbread Man'	SDB	kupferbraun, blauer Bart	USA, Jones 1968 CDM 1974
Cremegelb	'Soft Air'	SDB	frisches Hellgelb; leuchtet im Garten	USA, Warburton 1973
Zitronen- bis Grüngelb	'April Accent'	MDB	meist die früheste Miniaturiris	USA, Brown 1956
	'Little Sunbeam'	MDB	frischer Farbfleck	USA, Brown 1967
	'Stockholm'	SDB	hellgelb; verzweigt mit auffallend blauem Bart	USA, Warburton 1972 CDM 1977
	'Toskanerprinz'	SDB	leuchtendes Zitronengelb; blüht lange	D, Berlin 1968
Goldgelb	'Orange Caper'	SDB	tiefes Dottergelb; spät	USA, Warburton 1964 CDM 1967
	'Pagan Butterfly'	SDB	goldgelb, auf den H leicht ocker getönt	USA, Roberts 1969
	'Sun Doll'	SDB	reines Goldgelb; schöne Form	USA, Jones 1985 CDM 1992
	'Zipper'	MDB	hellgelber Zwerg mit blauem Bart	USA, Sindt 1979 CWM 1985

Farbgruppe	Sorte	Gruppenzugehörigkeit	Farbe Bemerkungen (D = Dom, H = Hängeblätter)	Land, Züchter, Einführungsjahr Auszeichnungen CDM = Cook-Douglas Medal, CWM = Caparne-Welch Medal
Aprikose	'Bright Vision'	SDB	lachs; verzweigt	USA, Shoop 1983
	'Melon Honey'	SDB	helles Aprikosengelb	USA, Roberts 1973
	'Orange Tiger'	SDB	leuchtendes Aprikosen-Lachs mit tieforange Bart	USA, Jones 1988 CDM 1994
Variegata (Dom gelb, Hängeblätter braun)	'Eyebright'	SDB	goldgelb, H mit braunen Adern durchzogen	GB, Taylor 1980 Auszeichnung IGA München
	'Hamburger Michel'	SDB	D gelb, H braun, gelber Rand	D, Denkewitz 1989
	'Watercolor'	SDB	D gelb, H braunrot; verzweigt und spätblühend	USA, Roberts 1968

Links: Das Dottergelb von 'Orange Caper' ist schön mit sehr dunklen Sorten wie der kastanienbraunen 'Little Bucaneer' oder der schwarzblauen 'Demon'.

Unten links: 'Orange Tiger' - bisher das leuchtendste Orange bei den Zwergen; neue Sorten sind in Sicht.
Unten rechts: 'Eyebright' mit den dunklen Adern schaut den Betrachter ganz frech an.

Die mittleren Bartiris-Sorten (Iris-Barbata-Media-Gruppe)

Bei den mittleren Bartiris-Sorten sind die Stengel mit Blüten 41 bis 70 cm hoch. Auch bei ihnen müssen wir uns an die international gebräuchlichen englischen Bezeichnungen halten. Es gehören hierzu drei gärtnerisch und auch genetisch selbständige Gruppen.
Diese sehr wichtigen Gruppen wurden in der Züchtung lange vernachlässigt. Heute beschäftigen sich wieder mehr Züchter mit den nicht so hohen und nicht so großblumigen Iris, die in der Verwendung ein breites Spektrum haben. Die Intermedia-Iris verbinden die Zwergiris mit den hohen Bartiris und blühen noch zusammen mit späten Tulpen etwa Anfang bis Mitte Mai. Die Table Iris eignen sich, wie schon der Name sagt, hervorragend zum Schnitt für Tischvasen und passen – wie auch die Border-Iris – gut in kleinere Gärten. Beide Gruppen blühen zusammen mit den hohen Bartiris etwa Mitte Mai bis Anfang Juni. Sowohl Höhen wie Blütezeiten aller Iris variieren natürlich je nach Witterung, Bodenverhältnissen und Gegend. Ein Beispiel: In

IB – Intermedia Bearded
Bei dieser Gruppe steht nicht nur die Höhe der blühenden Pflanzen, sondern auch die Blütezeit zwischen den Zwergiris und den hohen Bartiris. Botanische „Arten" sind eigentlich uralte Garten- oder Naturhybriden, die gegenwärtig in der Natur nur als Flüchtlinge aus Gärten vorkommen (siehe Seite 27 bis 29). Ihre Höhe liegt zwischen 41 und 70 cm; die Blütezeit in Süddeutschland zwischen Anfang bis Mitte Mai. Die höchste Auszeichnung ist die Sass Medal (SM), die in den USA jährlich an eine Sorte vergeben wird. Drei Sorten jährlich erhalten einen Award of Merit.

MTB – Miniature Tall Bearded
Ihre amerikanische Bezeichnung lautet auch „Table Iris", da sie gut für Tischdekorationen verwendet werden kann. Diese Gruppe ist den hohen Bartiris ähnlich, aber alle Teile sind kleiner. Wert wird hier auf die Kleinblumigkeit gelegt. Sie blühen gleichzeitig mit der hohen Bartiris und erreichen eine Höhe von 41 bis 70 cm. Ihre Blütezeit reicht von Mitte Mai bis Anfang Juni. Die höchste Auszeichnung ist die Williamson-White Medal (WW), die in den USA jährlich an eine Sorte vergeben wird.

BB – Border Bearded
Im Wuchs und der Blütezeit sind sie ähnlich wie die vorige Gruppe, haben jedoch größere Blüten. Auch sie erreichen eine Höhe von 41 bis 70 cm, und die Blütezeit ist Mitte Mai bis Anfang Juni. Ihr Name verweist auf die Verwendung in Rabatten und Beeten. Die höchste Auszeichnung ist die Knowlton Medal (KM). Sie wird in den USA jährlich an eine Sorte vergeben.
Von den Wildarten gehören hierher z.B. *Iris croatica* aus Kroatien, die man wie eine größere *Iris aphylla* charakterisieren kann, und die züchterisch interessante, gelb blühende *Iris imbricata*, die in Transkaukasien und um das Kaspische Meer verbreitet ist.

den USA haben wir bei der Convention in Oregon 1994 oft dieselben Sorten innerhalb von drei Tagen in zwölf verschiedenen Gärten gesehen. Mir fiel immer wieder auf (auch ohne Zollstock), daß die BB und MTB zu hoch waren, ein Mißverhältnis zwischen Höhe und Blütengröße. Die Pflanzen waren zwei bis drei Jahre vorher als „Gastiris" vom Züchter in diese Gärten gekommen und natürlich sehr gut „gepflegt" worden. Als wir dieselben Sorten beim Züchter sahen, eingewachsen und nicht extra behandelt, hatten sie die richtige Größe und wirkten harmonisch und überzeugend in ihrer Klasse.

Die alte blaue Plicata 'Arctic Fancy' und die großblumige gelbe 'Curlew' blühen jedes Jahr mit als erste von den Intermedia.

Intermedia-Sorten

Farbgruppe	Sorte	Farbe Bemerkungen (D = Dom, H = Hängeblätter)	Auszeichnungen SM = Sass Medal	Land, Züchter, Einführungsjahr
Weiß	'Avanelle'	reinweiß; lange Blütezeit		USA, Jones 1977
	'Cheers'	weiß mit rotem Bart	Karl-Foerster-Medaille in Wien 1979	USA, Hager 1975
Plicata blau	'Arctic Fancy'	kräftig blaue Zeichnung auf Weiß		USA, Brown 1964
	'Cee Jay'	runde, gewellte Blüten; 1994 ausgezeichnet		USA, Lankow 1992
Plicata gelb-braun	'Hot Spice'	sehr auffallend; Auszeichnung 1993		USA, Aitken 1989
Gelbe Amoena	'Apollo's Touch'	D weiß, H gelb; wirkt frisch		USA, Nicholls 1991

Farbgruppe	Sorte	Farbe Bemerkungen (D = Dom, H = Hängeblätter)	Auszeichnungen SM = Sass Medal	Land, Züchter, Einführungsjahr
Hellblau	'Az Ap'	tiefes, wundervolles Hellblau	SM 1987	USA, Ensminger 1980
	'Bel Azur'	reines Himmelblau		F, Cayeux 1993
	'Morgendämmerung'	wüchsig und reichblühend		D, Ziepke 1971
	'Silent Strings'	hellblau; schöne Form	SM 1985	USA, Dyer 1979
Mittelblau	'Hellcat'	D hellblau, H mittelblau	SM 1990	USA, Aitken 1981
Dunkelblau	'Helen Proctor'	fast schwarz; lange Blütezeit		USA, Briscoe 1977
Flamingorosa	'Ask Alma'	rosa mit krapprotem Bart	SM 1994	USA, Lankow 1987
Lilarosa	'Pink Kitten'	einheitlich rosa		USA, West 1978
	'Raspberry Blush'	D rosa, H mit himbeerrotem Spot	SM 1981	USA, Hamblen 1976
Purpurrot	'Langport Wren'	warmes Mahagonirot; wüchsig und reichblühend		GB, Kelway 1994
	'Rose Harmony'	immer wieder schön in Sträußen mit Flieder		USA, Brown 1967
	'Ruby Chimes'	dunkles Weinrot; samtig		USA, Brown 1971
	'Vamp'	kardinal-purpur	SM 1977	USA, Gatty 1972
Braunrot	'Apache Warrior'	kastanien-braunrot		USA, Brown 1972
	'Brown Doll'	braun mit dunkelrotem Spot auf den H		USA, Schreiner 1968
	'Red Zinger'	braunrot mit dunklerem Spot auf den H; lange und reichblühend		USA, Black 1985
Hellgelb	'Curlew'	wundervolle Gartenfarbe		GB, Taylor 1967
	'Dresden Candleglow'	kleine, runde Blüten		USA, Reath 1964
	'Frosted Cream'	grünliches Hellgelb		USA, Brown 1968
	'Maui Moonlight'	gewellte zitronengelbe Blüten	SM 1993	USA, Aitken 1987
Goldgelb	'Blue Eyed Blond'	kanariengelb mit blauem Bart	SM 1995	USA, Ensminger 1989
	'Butter Cookie'	leuchtend goldgelb		USA, Gatty 1980
	'Dandelion'	tiefes Löwenzahngelb		USA, Warburton 1973
	'Harlow Gold'	dicke goldgelbe Blüten		USA, P. Black 1988
Variegata	'Bronzaire'	D gelb, H braun; sehr wüchsig und reichblühend; englische hohe Bewertung		GB, Bartlett 1991

Miniature Tall Bearded oder Table Iris

Farbgruppe	Sorte	Farbe Bemerkungen (D = Dom, H = Hängeblätter)	Auszeichnungen WW = Williamson-White Medal	Land, Züchter, Einführungsjahr
Weiß	'Astra Girl'	weiß mit gelbem Bart		USA, Varner 1989
Rosa Plicata	'Carolyn Rose'	himbeerrosa auf weißem Grund	WW 1974	USA, Dunderman 1971
Amoena (Dom weiß, Hängeblätter farbig)	'Bit O'Afton'	D weiß, H hellila mit Weiß		USA, Guild 1967
	'Payoff'	D zartlila, H purpur; schöne Form, gut verzweigt		USA, Craig 1989
	'Frosted Velvet'	D weiß, H dunkelviolett mit weißem Rand; reizend		USA, Fischer 1989
Hellblau	'Quit Place'	tiefes Hellblau mit weißem Bart		USA, Varner 1989
Violett	'Tom Tit'	alt, aber immer ansprechend; sehr hübsch neben 'Spanish Coins'		GB, Bliss 1919
	'Little Paul'	einheitlich veilchenblau, orange Bart	WW 1989	USA, Fischer 1985
Rosa	'Rave Review'	bewegte, gewellte lila Blüten mit lilarosa Adern, orange Bart		USA, Craig 1992
	'Rosemary's Dream'	D rosa, H weiß mit breitem rosa Saum	WW (2mal)	USA, Dunderman 1982
Maulbeerrot	'New Idea'	kleine maulbeerrote Blüten in überreicher Fülle	WW 1976	USA, Hager 1970
Braun mit Lachs	'Disco Jewel'	leuchtend ziegelrot; reichblühend		USA, Guild 1970
Goldgelb	'Spanish Coins'	leuchtend, niedrig, auch im Steingarten geeignet		USA, Witt 1976
Variegata	'Bumblebee Deelite'	D gelb, H rotbraun mit gelbem Rand	WW 1993	USA, Norrik 1986

Links: Die alte kleine 'Bit O'Afton' blüht überreich. Rechts: Schön ist die goldgelbe 'Spanish Coins' mit der veilchenblauen 'Tom Tit', die auch gut in größere Steingärten passen. ▷

Border Bearded Iris

Farbgruppe	Sorte	Farbe Bemerkungen (D = Dom, H = Hängeblätter)	Auszeichnungen KK = Knowlton Medal	Land, Züchter, Einführungsjahr
Weiß	'Angel Echo'	schön gewellte Blüten, wüchsig		USA, Ennenga 1988
Blaue Plicata	'Orinoco Flow'	weiß mit sauberer blauer Strichelung und blauem Bart	Engl. Dykes Medal 1994	Bartlett 1989
Hellblau	'Maui Surf'	schönes Hellblau, am Schlund dunkler		USA, Aitken 1990
	'Am I Blue'	tiefes Hellblau, gut verzweigt	KM 1983	USA, Denny 1977
Blaue Amoena	'Cool Treat'	D creme, H lila, orange Bart		USA, Lankow 1994
Lachs Amoena	'Peach Ice Cream'	D creme, H lachs		USA, Lankow 1993

Farbgruppe	Sorte	Farbe Bemerkungen (D = Dom, H = Hängeblätter)	Auszeichnungen KK = Knowlton Medal	Land, Züchter, Einführungsjahr
Violett	'Batik'	sehr ungewöhnliche Farbe mit weißen Streifen; früh		USA, Ensminger 1986
	'Maui Magic'	einheitlich violette, gewellte Blüten einschließlich Bart		USA, Aitken 1991
	'Kona Nights'	zweitonig blau-violett; früh		USA, Aitken 1992
Rosa	'Pink Bubbles'	schöne, runde Blüten, reizend	KM 1986	USA, Hager 1980
	'Zinc Pink'	Kind von 'Pink Bubbles'; flamingo; bewegte Blüten	KM 1993	USA, Ensminger 1987
Orange-Lachs	'Maid of Orange'	leuchtend! Früh und lange blühend		USA, Aitken 1989
	'Sunny Glow'	orange mit krapprotem Bart		USA, Aitken 1994
Variegata	'Brown Lasso'	D gold-bronze, H lila mit braunem Saum	Dykes Medal 1981	USA, Buckles Niswonger 1975
	'Calico Cat'	D hellgelb, H lila, dunkler gestreift; sehr lustig und reichblühend	KM 1995	USA, Lankow 1989

'Maui Surf' stammt von dem Züchterehepaar Aitken, das sich erfolgreich auf IB-, BB- und MTB-Sorten spezialisiert hat.

Rechte Seite: ▷
'Orange Jubilee' gehört zur Reihe der neuen lachsorange Sorten, die hier auf ihre Wüchsigkeit erprobt werden müssen.

Die Hohen Bartiris (Iris-Barbata-Elatior-Gruppe)

Die Höhe dieser Pflanzen beginnt bei 71 cm, und unter den Bartiris blühen sie als die letzten, etwa Ende Mai bis Mitte Juni. Vom Gesichtspunkt der Gartenkultur ist es wegen der vielen tausend Züchtungen die wichtigste Gruppe der Gattung Iris. Wir teilen die Arten in zwei Gruppen: diploide und tetraploide, die beide eine unersetzliche Rolle in der Entwicklung der hohen Bartiris spielten.

In der Gärtnerei Gräfin von Zeppelin wurde nach dem Krieg 1947 wieder angefangen, zu den noch etwa 400 Sorten Iris Barbata, die „überlebt" hatten, weitere zu sammeln, d.h. sie wurden getauscht mit Herrn Dorn in Aachen, mit Herrn Dröge in Berlin und Dr. Steffen in Erfurt. Von den deutschen Züchtern wurde gekauft, was möglich war, die Geschäftsbeziehungen zu den USA und Frankreich wurden wieder aufgenommen und nach und nach wichtige Sorten importiert. So standen 1962 auf 15 langen Beeten, getrennt durch 1 m breite Rasenwege, 895 verschiedene Sorten der Iris-Barbata-Elatior- und Iris-Barbata-Media-Gruppe nach Farben sortiert zum Vergleich. Etwa ein Drittel der Sorten aus der Sammlung wurde zum Verkauf vermehrt. Als es Ende der 60er Jahre immer schwieriger wurde, diese Sammlung zu pflegen, nach vier Jahren umzupflanzen und laufend mit Neuheiten zu ergänzen, stiftete Frau von Stein-Zeppelin sie vollständig an den Botanischen Garten Basel-Brüglingen. Hier bekamen sie, ebenfalls nach Farben aufgepflanzt, einen sehr schönen Platz und waren 1980 in die Gartenschau GRÜN 80 einbezogen. Zur Blüte kommen sehr viele Besucher in den herrlichen Park, und Fachleute können eine lebendige Geschichte der Iriszüchtung studieren. Von all diesen Sorten, die damals nach Basel kamen, werden 1996 noch 34 Sorten vermehrt. Es ist fast unglaublich, wie rasch das Sortiment sich wandelt.

Alte diploide Sorten

Bei der kleinen Auswahl handelt es sich um Sorten, die sich hier teilweise jahrzehntelang bewährt haben und die neben den Neuzüchtungen gartenwürdig sind. Fast alle finden sich noch in den Staudenkatalogen. Der Blütenreichtum ist enorm. Sie sind nicht so empfindlich gegen Nässe, aber die Blüten haben nicht die feste Substanz und natürlich nicht die Farbenvielfalt moderner Sorten.

Farbgruppe	Sorte	Farbe Bemerkungen (D = Dom, H = Hängeblätter)	Land, Züchter, Einführungsjahr
Weiß	'Lenzschnee'	D weiß, H bläulicher Schimmer; regenempfindlich	D, Goos & Koenemann 1927
	'White Knight'	schneeweiß; niedrig und spät	USA, Saunders 1916
Plicata blau	'Mme. Chéreau'	kräftige blaue Zeichnung; hohe, immer noch hübsche Sorte, kleine Blüten	F, Lemon 1844
	'Rheinfels'	hellere blaue Zeichnung	D, Goos & Koenemann 1928
Hellblau	'Corrida'	wüchsiger Massenblüher, Duft!	F, Millet 1914
Mittelblau	'Sirius'	D leuchtend blau, H violett, brauner Schlund; zuverlässig	GB, Bunyard 1923
Dunkelviolett	'Tom Tit'	späte Zwergsorte, Laub leicht überhängend	GB, Bliss 1919
Blau, zweitonig	'Rheintraube'	D lavendelblau, H violett; sehr reichblühend	D, Goos & Koenemann 1919
Lilarosa	'Airy Dream'	zart lilarosa, weißer Bart	USA, Sturtevant 1929
	'Aphrodite'	D lilarosa, H mit weißem Spiegel	USA, Dykes 1922
	'Evelyn Benson'	D karminrosa, H etwas dunkler; besonders reichblühend	GB, Murrell 1931
	'Rheingauperle'	lilarosa Massenblüher	D, Goos & Koenemann 1924
Karminrot	'Rota'	D dunkelrosa, H karmin; niedrig und hübsch	D, Goos & Koenemann 1924
Goldgelb	'Pluie d'Or'	warmes Goldgelb, verblaßt leider; reichblühend	F, Cayeux 1928
	'Gold Imperial'	goldgelb, verblaßt in der Sonne	USA, Sturtevant 1924
Dom gelb, Hängeblätter braunrot	'Gay Husar'	D messinggelb, H dunkelrot mit gelben Adern	USA, Williamson 1929
	'Flammenschwert'	D gelb, H kastanienbraun; nicht verzweigt	D, Goos & Koenemann 1920
	'Kupferhammer'	D goldgelb, H rotbraun mit gelbem Saum; niedrige ansprechende Gruppensorte	D, Arends 1930

Rechte Seite: ▷
'Flammenschwert', hier im Bild, gehört zu den wüchsigen alten Sorten. 'Kupferhammer' hat dieselbe Farbe, ist aber noch besser verzweigt.

Bewährte Standardsorten

Alle hier genannten Sorten haben sich in bezug auf Wüchsigkeit und Blütenreichtum jahrelang bewährt. Die Farben zu beschreiben ist fast unmöglich, da jeder eine andere Vorstellung von Bezeichnungen wie z.B. Lila, Violett oder Purpurrot hat.

Als Auszeichnung ist hier die amerikanische Dykes Medal angegeben, die auch für uns einen großen Aussagewert hat. Sie wird jährlich nur an eine Sorte vergeben (manchmal auch gar nicht), die in allen der klimatisch sehr verschiedenen Staaten der USA die höchste Bewertung erhalten hat.

◁ Linke Seite:
Die niedrige orchideenrote alte 'Rota' ist ein zuverlässiger Massenblüher, z.B. zusammen mit 'Rheintraube'.

Rechts: 'Dream Lover' (neben *Salvia nemorosa)* ist sehr wüchsig, gut verzweigt und paßt zu dunkelvioletten und rosa Sorten.

Farbgruppe	**Sorte**	**Farbe Bemerkungen** (D = Dom, H = Hängeblätter)	**Auszeichnungen**	**Land, Züchter, Einführungsjahr**
Weiß	'Country Manor'	weiß mit gelbem Schlund		USA, Kegerise 1973
	'Cup Race'	reinweiß; glatte Form, zuverlässig		USA, Buttrik 1963
	'Leda's Lover'	feste gewellte Blüten		USA, Hager 1980
	'Lugano'	elfenbein; glatte Form, blüht im Herbst nach		F, Cayeux 1948
	'Skier's Delight'	reinweiß; bewegte Blüten		USA, Schreiner 1982
	'Wedding Vow'	frühe und lange Blütezeit		USA, Ghio 1972
Weiß mit rotem Bart	'Christmas Time'	hohe, bewährte und sehr beliebte Sorte		USA, Schreiner 1965
	'Neige de Mai'	große, feste Blüten, gut verzweigt		F, Cayeux 1976

Farbgruppe	Sorte	Farbe Bemerkungen (D = Dom, H = Hängeblätter)	Auszeichnungen	Land, Züchter, Einführungsjahr
Blaue Plicata	'Conjuration'	weiß mit lavendellila Zeichnung, dunkelorange Bart; hohe reichverzweigte Stiele; spätblühend	Premio Firenze 1993	USA, Byers 1989
	'Going My Way'	dunkelviolette, schmale Randzeichnung		USA, Gibson 1972
	'Loop The Loop'	dunkelviolette Zeichnung; hoch, gut verzweigt		USA, Schreiner 1975
	'Rare Treat'	besonders saubere Zeichnung, gewellte Blüten, früh		USA, Schreiner 1987
	'Stepping Out'	dunkelblaue Zeichnung; klassische Standardsorte, nicht überholt!	Dykes Medal 1968	USA, Schreiner 1964
Rosa-rote Plicata	'Crinoline'	weinrote Zeichnung; früh, blüht manchmal im Herbst nach		USA, Schreiner 1965
	'Rancho Rose'	orchideenrosa bis weinrote Zeichnung über die ganze Blüte		USA, Gibson 1975
	'Stop The Music'	D braunrot, H weiße Mitte mit rotbraunem Rand; auffallend		USA, Schreiner 1985
Gelb-braune Plicata	'Dazzling Gold'	D goldgelb, H ganz durchzogen mit braunen Adern, gelber Rand		USA, Anderson 1981
	'Radiant Apogee'	D gelb, H weiße Mitte, am Schlund braune Adern; gute Standardsorte		USA, Gibson 1966
	'Showcase'	goldgelber Grund, warmbraune Randzeichnung; auffallend		USA, Schreiner 1975
Dom weiß, Hängeblätter blau	'Alizes'	D weiß, H mittelblau mit Weiß; reichblühend		F, Cayeux 1989
	'Dream Lover'	D bläulichweiß, H violett	Dykes Medal 1977	USA, Tums 1971
	'Margarita'	D weiß, H rötlichviolett; sehr bewährte Sorte		USA, Schreiner 1968
	'Rebecca Perret'	D weiß, H hell-lila, großer weißer Spiegel, orange Bart		F, Cayeux 1992
	'Ruffled Ballet'	D weiß, H hellblau, weißer Spiegel; wüchsig und reichblühend	Dykes Medal 1983	USA, Roderick 1975

Oben: Die gewellte 'Skier's Delight', umspielt von weißen einjährigen *Omphalodes*, ist ein Traum!

Mitte: 'Conjuration' blüht sehr spät, wird hoch und ist herrlich verzweigt, die Blüten sind nicht sehr groß.

Unten: 'Crinoline', eine altbewährte Sorte, überrascht uns manchmal mit Nachblüten im September.

Farbgruppe	Sorte	Farbe Bemerkungen (D = Dom, H = Hängeblätter)	Auszeichnungen	Land, Züchter, Einführungsjahr
Dom weiß, Hängeblätter gelb	'Easter Time'	herrliche späte, creme-zitronengelbe Sorte		USA, Schreiner 1980
	'Echo de France'	D weiß, H leuchtend gelb		F, Anfosso 1984
	'Tulip Festival'	D weiß, H gelb; niedrige Vordergrundsorte		USA, Clough 1975
Dom weiß, Hängeblätter rosa	'Chapeau'	D creme, H kräftig orchideenrosa		USA, Babson 1971
Dom getönt, Hängeblätter lachs	'Champagne Elegance'	D creme, H helles Lachs; hoch, blüht im Herbst nach		USA, Niswonger 1987
Hellblau	'Babbling Brook'	sehr bewährte, einheitlich hellblaue Sorte	Dykes Medal 1972	USA, Keppel 1966
	'Clear Morning Sky'	D hell-lavendel, H noch heller; schön gewellte Blüten, gut verzweigt		USA, Cooley-Ernst 1991
	'Eleanor's Pride'	alte, erprobte hellblaue Iris	Dykes Medal 1961	USA, Watkins 1956
	'Grecian Skies'	helles Blau, H weißer Spiegel, roter Bart		USA, Brown 1984
	'Rapture in Blue'	hellblaue Spitzensorte, gewellte Blüten		USA, Schreiner 1990
	'Sapphire Hills'	tiefes Hellblau; jahrelang meine erste Wahl		USA, Schreiner 1971
	'Silverado'	hellstes Silberblau; herrlich!	Dykes Medal 1994	USA, Schreiner 1987
	'Song of Norway'	hellstes Blau, durch dunkelblauen Bart sehr eindrucksvoll	Dykes Medal 1986	USA, Luihn 1979
	'Victoria Falls'	hellblau mit weißem Signal; sehr hoch	Dykes Medal 1984	USA, Schreiner 1977
Mittelblau	'Blenheim Royal'	sehr reines Blau; gut verzweigt		USA, Schreiner 1990
	'Blue Luster'	sehr gute, bewährte Sorte mit Duft		USA, Brown 1973
	'Full Tide'	gut verzweigte, spätblühende Sorte		USA, Brown 1972
	'Honky Tonk Blues'	H etwas weiß, blauer Bart; große gewellte Blüten in Fülle, sehr wüchsig	Dykes Medal 1995	USA, Schreiner 1988
	'Jean Hoffmeister'	hohe, sehr blaue Sorte		USA, Gatty 1982
	'Pledge Allegiance'	dunkles Mittelblau, D etwas heller		USA, Schreiner 1984
	'Shipshape'	frühblühende und vielfach bewährte Sorte	Dykes Medal 1974	USA, Babson 1969
	'Tyrolean Blue'	reichblühend mit braunem Schlund, früh		USA, Schreiner 1963

Oben links: 'Tulip Festival' ist die niedrigste in dieser frischen Farbkombination.
Mitte links: 'Echo de France' ist in allen Teilen größer.
Oben rechts: 'Silverado' Dykes Medal 1994) wird sicher noch jahrelang mit an der Spitze stehen.

Links: Hier sieht man nicht die ungeheure Reichblütigkeit der 'Honky Tonk Blues', die 1995 die Dykes Medal erhielt.

'Mary Frances' (links) paßt gut zu blauen und violetten Sorten und der dunklen 'Superstition' (rechts).

Farbgruppe	Sorte	Farbe Bemerkungen (D = Dom, H = Hängeblätter)	Auszeichnungen	Land, Züchter, Einführungsjahr
Zweitonig blau	'Lord Baltimore'	D hellblau, H mittelblau; spät		USA, Nearpass 1969
	'Proud Tradition'	D hellblau, H dunkelblau; riesige Blüten, auffallend früh		USA, Schreiner 1990
	'Royal Crusader'	D hellblau, H mittelblau; früh		USA, Schreiner 1985
Schwarzblau	'Dusky Challenger'	dunkelstes Blau einschließlich Bart; hoch, spät, eindrucksvoll		USA, Schreiner 1986
	'Night Owl'	sehr bewährte blauschwarze Sorte; eine der spätesten		USA, Schreiner 1970
	'Night Ruler'	schwarz mit rötlichem Schimmer; schön gewellte Blüten		USA, Schreiner 1990
	'Superstition'	schön, fast schwarz; bewährte, zuverlässige Sorte		USA, Schreiner 1977

Farbgruppe	Sorte	Farbe Bemerkungen (D = Dom, H = Hängeblätter)	Auszeichnungen	Land, Züchter, Einführungsjahr
Mittelviolett	'Navy Strutt'	veilchenblau; lange Blütezeit		USA, Schreiner 1974
	'Titan's Glory'	samtiges Veilchenblau einschließlich Bart	Dykes Medal 1988	USA, Schreiner 1981
Flamingorosa	'Beverly Sills'	Kind von 'Vanity' und ebenso wüchsig	Dykes Medal 1985	USA, Hager 1979
	'Heartbreaker'	kräftiges Rosa mit tangerine Bart		USA, Hall 1964
	'One Desire'	glatte rosa Blüten; bewährt		USA, Shoop 1960
	'Perle Rose'	schönes Rosa, H kleiner weißer Spiegel, orange Bart; wüchsig und reichblühend		F, Cayeux 1990
	'Schiaparelli'	Lieblingsfarbe des bekannten Modeschöpfers		USA, Moldovan 1972
	'Vanity'	zartrosa; wüchsig und beliebt	Dykes Medal 1982	USA, Hager 1975
Lilarosa und Cattleyenrosa	'Enchanted World'	hohe cattleyenrosa Sorte; reichblühend		USA, Schreiner 1979
	'Mary Frances'	wunderschönes Lila, die H etwas heller in der Mitte	Dykes Medal 1979	USA, Gaulter 1973
	'Pearl Chiffon'	zartes Lavendellila, H fast weiße Mitte		USA, Varner 1972
	'Priceless Pearl'	ganz einheitlich lilarosa; großer Zauber		USA, Schreiner 1972
Lilarosa, zwei Töne	'Latin Lover'	D lilarosa, H samtig weinrot		USA, Shoop 1969
	'Living Right'	D rosalila, H fast weiß mit lila Saum, orange Bart		USA, Cooley-Ernst 1991
Purpurrot bis Aubergine	'Mulled Wine'	warmes Himbeerrot mit terrakotte Bart, Domblätter stark gekräuselt		USA, Keppel 1982
	'Raspberry Frills'	himbeer- bis lilarot, am Schlund weiß; sehr bewegt		USA, Schreiner 1984
	'Rosette Wine'	amethystlila mit weißem Fleck am Schlund; kandelaberartig verzweigt		USA, Schreiner 1989
	'Sultry Mood'	dunkles Amethystlila mit wenig Braun; beste Substanz und Verzweigung, früh		USA, Schreiner 1989
	'Thriller'	warmes Auberginerot, dunkelpurpur Bart		USA, Schreiner 1988

Farbgruppe	Sorte	Farbe Bemerkungen (D = Dom, H = Hängeblätter)	Auszeichnungen	Land, Züchter, Einführungsjahr
Braunrot	'Deep Fire'	leuchtend braunrot		USA, Schreiner 1979
	'Royal Trumpeter'	samtig kastanienbraunrot		USA, Reynold 1971
	'Spartan'	hervorragende, wüchsige Standardsorte		USA, Schreiner 1973
	'Vitafire'	dunkelbraunrot; eher niedrig, bewährt		USA, Schreiner 1968
Kupfer und Braun	'Dutch Chocolate'	warmes Goldbraun; gut verzweigt		USA, Schreiner 1970
	'Radiant Summer'	helles Goldbraun mit hellem Spiegel auf H, goldener Bart		USA, Schreiner 1978
Zartgelb und Zitronengelb	'Baroque Prelude'	helles, zartes Gelb; früh		USA, Zurbrigg 1974
	'Debbie Rairdon'	helles, gedecktes Gelb mit Weiß; bewährt	Dykes Medal 1971	USA, Kuntz 1965
	'Gitta'	helles Grüngelb, schöne Form, weißer Spiegel auf H	Pokal der GDS	D, Beer 1992
	'Queen's Jubilee'	rahmgelb, H am Rand gelb		USA, Carr 1977
	'Pleated Gown'	D zitronengelb, H weiße Mitte		USA, Roderick 1981
Goldgelb	'Golden Promenade'	einheitlich tiefes Goldgelb		USA, Schreiner 1975
	'Granada Gold'	bewährte wüchsige Standardsorte		USA, Schreiner 1962
	'Tut's Gold'	reines Goldgelb; reich- und langblühend, spät		USA, Schreiner 1979
	'Warm Gold'	reines Goldgelb, H hellere Mitte; früh		USA, Schreiner 1972
Aprikose	'Fresno Frolic'	leuchtendes Lachs, kleiner weißer Fleck auf den H; früh		USA, Weiler 1980
	'Piroska'	leuchtendes Aprikose mit Bart		F, Cayeux 1976
	'Supersimon'	tiefes Orange-Lachs, weißer Spiegel auf H		USA, Parker 1978
Variegata (Dom gelb, Hängeblätter braunrot)	'Accent'	D goldgelb, H braunrot; bewährt		USA, Buss 1953
	'Gypsy Caravan'	D goldbraun, H samtig braunrot; spät		USA, Moldovan 1978
Hängeblätter lila	'Edith Wolford'	D hellgelb, H lila; ungewöhnliche Kombination, vollendet in Form und Verzweigung	Dykes Medal 1993	USA, Hager 1986

Zukunftsmusik

Hier werden Sorten vorgestellt, die erst seit zwei bis drei Jahren in Deutschland stehen (abgesehen von einigen Privatgärten) und noch auf ihren Wert hier bei uns im mitteleuropäischen Klima erprobt werden. Sie werden sicher nie alle in den Handel gelangen, aber es werden neue Zuchtrichtungen erkennbar, und manches wird sich durchsetzen. Und in wenigen Jahren schon gibt es ganz neue Trends!

Es sind hier absichtlich keine Sorten aufgeführt, die man nur aus verlockenden Katalogen kennt. Das schönste Farbbild sagt nichts aus über die Qualität der ganzen Pflanze. So ist es eine Auswahl aus einer riesigen Farbpalette, deren Nuancen einfach nicht zu beschreiben sind. Schon Ovid befand 43 v. Chr.:

„Saepe ego digestos volui numerare colores, nec potui, numero copia major erat." („Oft wollte ich die verschiedenen Farben zählen, aber ich konnte nicht, die Menge der Farben war zu groß.")

In Zukunft werden sich durch Genmanipulationen völlig neue Möglichkeiten ergeben. Es könnte z.B. die Resistenz gegen Krankheiten, sowohl pilzliche wie bakterielle Rhizomfäule, verbessert werden. Verschiedene Laubfärbungen werden möglich. In den USA haben wir schon Bartiris mit dunklen, violettbraunen Stengeln und Blattansätzen gesehen. Es könnte eventuell die Fähigkeit, auch in ungünstigem Klima zu remontieren, erreicht werden. Dies sind positive Aspekte.

Aber ich stimme völlig überein mit Richard Cayeux, wenn er die Schlußfolgerung zieht, daß die Originalität nicht auf Kosten der Ästhetik gehen darf. Noch nie dagewesene Farbkombinationen sind oft vorübergehende Moden. Nicht von ungefähr haben 1992, 1994 und 1995 in den USA klassische Farben die Dykes Medal bekommen: Violett (‘Dusky Challenger’), bläuliches Weiß (‘Silverado’) und Blau (‘Honky Tonk Blues’), aber alle drei vollendet „von Kopf bis Fuß".

‘Royal Trumpeter’ (oben) und alle gelben, kupfernen und lachsorangen Sorten wie ‘Fresno Frolic’ (unten) leuchten in warmen Tönen.

Farbgruppe	Sorte	Farbe Bemerkungen (D = Dom, H = Hängeblätter)	Auszeichnungen	Land, Züchter, Einführungsjahr
Weiß	'Buckden Pike'	cremeweiße, gewellte Blüten	Engl. Dykes Medal 1987	GB, Dodsworth 1985
	'Bewick Swan'	weiß mit rotem Bart	Engl. Dykes Medal 1984	GB, Dodsworth 1980
	'Heavenly Rapture'	gekräuselte, weiße Blüten mit rotem Bart		USA, Schreiner 1989
Blaue Plicata	'Orinoco Flow'	wüchsige, sehr reichblühende niedrige Sorte, BB	Engl. Dykes Medal 1994	GB, Bartlett 1989
	'Classic Look'	sauber abgesetzte, schmale mittelblaue Randzeichnung		USA, Schreiner 1992
Zweifarbige Sorten	'Ride The Wind'	Dom weiß, Hängeblätter mittelblau		USA, Schreiner 1991
	'Vive La France'	Dom weiß, Hängeblätter dunkleres Blau mit weißem Spiegel, roter Bart Diese und die beiden nächsten Sorten von Cayeux sind Geschwistersämlinge (incl. 'Rebecca Perret') in den französischen Farben Bleu, Blanc, Rouge – und doch sehr verschieden		F, Cayeux 1991
	'Bal Masqué'	Dom weiß, Hängeblätter dunkelviolett mit vielen Adern am weißen Schlund, orangeroter Bart		F, Cayeux 1991
	'Marbre Bleu'	Dom weiß, Hängeblätter mittelblau mit weißem Spiegel und leuchtend rotem Bart		F, Cayeux 1993
	'Neutron Dance'	mit schneeweißem Dom und goldgelben Hängeblättern; eine wundervolle Gartenfarbe!		Australien, Blyth 1987
	'Fall Fiesta'	cremefarbener Dom und braunorange, leuchtende Hängeblätter, eine neue Farbkombination		USA, Schreiner 1992
	'Halo in Yellow'	Dom hellgelb, Hängeblätter weiß mit gelbem Rand		USA, Niswonger 1989

Farbgruppe	Sorte	Farbe Bemerkungen (D = Dom, H = Hängeblätter)	Auszeichnungen	Land, Züchter, Einführungsjahr
Zweifarbige Sorten	'First Interstate'	Dom goldgelb, Hängeblätter weiß mit gelbem Rand		USA, Schreiner 1991
	'Crème Glacée'	Dom weiß, Hängeblätter rosa, roter Bart		F, Cayeux 1994
	'Jazzed Up'	Dom cremeweiß, Hängeblätter lilarosa mit weißem Bart		USA, Schreiner 1994

'Heavenly Rapture' (links oben) ist die Steigerung von 'Christmas Time'. 'Neutron Dance' (links unten) kommt aus Australien, und 'Fall Fiesta' (rechts) ist eine ganz neue Farbkombination.

Farbgruppe	Sorte	Farbe Bemerkungen (D = Dom, H = Hängeblätter)	Auszeichnungen	Land, Züchter, Einführungsjahr
Hellblau	'Delta Blues'	elegant gewellte Blüten in einheitlichem Hellblau mit weißem Bart		USA, Schreiner 1994
	'Star Sailor'	gewellte Blüten in sehr reinem, kräftigem Hellbau		USA, Schreiner 1995
	'Yaquina Blue'	tiefes Hellblau, am Schlund heller		USA, Schreiner 1992
Lavendelblau	'Feature Attraction'	auffallend an dieser reichverzweigten, lavendellila Sorte ist die ganz starke Kräuselung an den Blütenblatträndern; erhielt die höchste Stimmenzahl bei der Convention in Oregon 1994!		USA, Schreiner 1994
	'Bubbling Over'	ganz einheitliches tiefes Lavendellila		USA, Ghio 1982

Farbgruppe	Sorte	Farbe Bemerkungen (D = Dom, H = Hängeblätter)	Auszeichnungen	Land, Züchter, Einführungsjahr
Mittelblau	'Wharfedale'	gewellte, mittelblaue Blüten mit weißem Bart	Engl. Dykes Medal 1991	GB, Dodsworth 1989
	'Großer Garten'	schönes Mittelblau; Auszeichnung in Florenz 1994		D, Moos 1991
Blau, zweitonig	'Glistening Icicle'	Dom sehr helles Blau, mittelblaue Hängeblätter, schön verzweigt		USA, Mariott 1982
Dunkelblau und Schwarzblau	'Around Midnight'	spät blühende, dunkelblaue Sorte, die von unten gut verzweigt ist		USA, Schreiner 1995
	'Hello Darkness'	die schwärzeste Iris, die ich kenne, mit dicker, samtiger Substanz		USA, Schreiner 1992
Rosa	'Dreamsicle'	kräftiges Rosa mit orange Bart, neue Farbe		USA, Schreiner 1995
	'Ramblin Rose'	leuchtendes Himbeerrosa mit orange Bart		USA, Schreiner 1993
	'Festive Mood'	Dom beigerosa, Hängeblätter magentarot mit tieforange Bart		USA, Schreiner 1993
Aprikose-Orange Hier gibt es besonders viele Neuzüchtungen, die auf ihre Wüchsigkeit überprüft werden müssen.	'Avalon Sunset'	Aprikosenfarbe mit leuchtend rotem Bart		USA, Schreiner 1994
	'Firebreather'	unglaublich leuchtendes Lachs-Orange mit tieforange Bart		USA, Schreiner 1992
	'Orange Jubilee'	lachsfarben mit kleinem, weißem Spiegel auf den Hängeblättern		USA, Schreiner 1993
	'Feu Du Ciel'	sehr intensives Orange		F, Cayeux 1993
Variegata	'Bronzaire' (Intermedia)	Dom goldgelb, Hängeblätter kupferbraun, sehr reichblühend		GB, Bartlett 1991
	'Andalou'	Dom leuchtend gelb, Hängeblätter braunrot, in Form und Substanz Verbesserung der alten bewährten 'Accent'		F, Cayeux 1995
	'Vigilante'	Dom karamel, Hängeblätter kastanienbraun		USA, Schreiner 1991

◁ 'Jazzed Up' (links) ist eine stattliche Erscheinung, auffallend der schneeweiße Bart. Die völlig einheitliche lila 'Bubbling Over' (rechts) paßt gut dazu und eventuell noch auberginefarbene Sorten wie 'Sultry Mood' oder die schwarzblaue 'Dusky Challenger'.

Iris sibirica für den Garten

Eine gepflanzte Feuchtwiese in den USA mit vielen *Iris sibirica* und *Iris pseudacorus* (gestaltet von Thomas Reinhardt (Creative Landscaping, Winscott NY, USA).

Hier unterscheiden wir die älteren Sorten, die kleinblumig und reichblühend auch noch in Wiesen wachsen und blühen, und die neueren, zum Teil tetraploiden Sorten, die offene gepflegte Beete verlangen und durch ihre breiteren Blüten mit ganz waagerechten Hängeblättern ganz anders wirken. Blau-Violett in allen Schattierungen ist bei beiden die Hauptfarbe, der Sortenunterschied liegt oft an der mehr oder weniger kontrastierenden Tigerzeichnung am Schlund der Blüte. Es gibt sehr eindrucksvolle Rosa- und Rottöne in Weinrot und Amethystfarben und edle hellgelbe oder weiß-gelbe Sorten, aber hier hat die Erfahrung gezeigt, daß diese schlechter im kalkhaltigen Boden wachsen als die blauen. Und letzten Endes ist es wie beim Rittersporn, man denkt auch bei *Iris sibirica* zunächst: Blau!

Es soll hier eine Auswahl an empfehlenswerten Sorten vorgestellt werden, wobei mit einem „W“ diejenigen gekennzeichnet sind, die in naturnahen, geschlossenen Pflanzungen wachsen, zwischen *Trollius* (Trollblume), *Geum* (Nelkenwurz), *Lythrum* (Weiderich), *Lysimachia* (Felberich), *Filipendula* (Spierstaude) und *Myosotis palustris* (Sumpfvergißmeinnicht). Zur Sibirica-Gruppe gehören auch die beiden hellgelben Arten *Iris forrestii* (30–50 cm hoch, zitronengelb, etwas braune Adern) und *Iris wilsonii* (60–75 cm hoch, hellgelb, blüht etwas früher). Beide bevorzugen einen niedrigen pH-Wert und Feuchtigkeit, dann eignen sie sich auch zur Pflanzung in Wiesen.

Sortenauswahl von *Iris sibirica*

Farbgruppe	Sorte	Farbe Bemerkungen (D = Dom, H = Hängeblätter)	Land, Züchter, Einführungsjahr
Weiß	'Alba Nana'	weiße Zwergsorte	GB, Perry 1940
	'Berliner Weiße'	besonders reichblühende Neuheit	D, Tamberg 1995
	'Creme Chantilly'	großblumige cremeweiße Sorte	USA, McEwen 1981
	'Fourfold White'	früh- und reichblühend	USA, McEwen 1970
	'Limeheart'	spät- und reichblühend W	GB, Brummitt 1968
	'Marshmallow Frosting'	besonders großblumig und spät	USA, McEwen 1984
	'Starsteps'	weiß mit gelb	USA, Hager 1974
	'Viel Schnee'	hoch, reichblühend, für den Hintergrund	D, Tamberg 1990
	'White Swirl'	diese reichblühende alte Sorte ist immer noch wertvoll; sie wurde in der Züchtung der *Iris sibirica* so viel eingekreuzt wie keine andere W	USA, Cassebeer 1957
	Iris sanguinea 'Snow Queen'	gehört als niedrige, wüchsige Gruppensorte auch hierher W	1900 vom Engländer Barr in Japan gesammelt; erhielt danach den Namen 'Snow Queen'

Farbgruppe	Sorte	Farbe Bemerkungen (D = Dom, H = Hängeblätter)	Land, Züchter, Einführungsjahr
Hellblau	'Blue Song'	mittelhohe, verzweigte Stiele	USA, Warburton 1973
	'Cambridge'	niedrig, pastellblau	GB, Brummitt 1964
	'Cool Spring'	reich- und sehr frühblühend, hoch W	USA, Kellogg 1939
	'Ego'	auffallende Schlundzeichnung	USA, McGarvey 1966
	'Harpswell Haze'	Dom sehr hell, Hängeblätter breit, hellblau	USA, McEwen 1977
	'My Love'	eine der frühesten Sorten, blüht oft nach W	USA, Scheffy 1949
	'Papillon'	reizender Massenblüher W	GB, Dykes 1923
	'Soft Blue'	sehr hell und sehr früh, hoch	USA, McEwen 1979
	'Vicki Ann'	niedrig, hübsch gewellt	USA, Warburton 1990

Die englische Sorte 'Cambridge' ist eine der schönsten hellblauen Sorten.

'My Love' ist sehr reichblühend und eine der wenigen Sorten, die gut nachblühen.

Bei 'Silver Edge' fällt der silberweiße Rand um die mitelblauen Hängeblätter auf.

Farbgruppe	Sorte	Farbe Bemerkungen (D = Dom, H = Hängeblätter)	Land, Züchter, Einführungsjahr
Mittelblau	'Annick'	hervorragende Zwergsorte	USA, McEwen 1986
	'Berlin Ruffles'	hohe tetraploide Sorte mit schöner Wellung	D, Tamberg 1993
	'Big Child'	große, breite Blüten	D, Tamberg 1993
	'Blue Mere'	spätblühend und verzweigt W	GB, Hutchinson 1959
	'Deep Shade'	schön zu rosa Paeonien	USA, Warburton 1972
	'Grand Junction'	früh- und reichblühend W	USA, McCord 1969
	'Jaybird'	dunkle Tigerzeichnung, spät	USA, Hager 1982
	'Lake Keuka'	niedrig, herrliche Neuheit	USA, Borglum 1991
	'Orville Fay'	spät und verzweigt	USA, McEwen 1969
	'Prussian Blue'	schön gewellte leuchtend blaue Blüten	D, Tamberg 1993
	'Ruth Eicke'	spät und hoch	D, Tamberg 1976
	'Silver Edge'	weiß-silberner Rand	USA, McEwen 1974
	'Strohgäuperle'	sehr reichblühend	D, Hald 1978
	'Swank'	ganz einheitlich, schöne Gruppensorte	USA, Hager 1969
Dunkelblau und Violett	'Blue Burgee'	frühblühend, samtig dunkel	USA, McEwen 1972
	'Caesar's Brother'	hoch, nachtblau W	USA, Morgan 1932
	'Dreaming Spires'	spätblühend, mittelhoch W	GB, Brummitt 1966
	'Harpswell Halleluja'	breite, runde, herrliche Blüten	USA, McEwen 1983
	'Marilyn Holmes'	sehr spät, mittelhoch	USA, McEwen 1972
	'Phosphorflamme'	sehr hoch, reichblühend W	D, Steffen 1935
	'Ruffled Velvet'	gewellter Samt, niedrig	USA, McEwen 1973
	'Shirley Pope'	auffallend durch die helle Tigerzeichnung	USA, McEwen 1979
	'Superba'	früher Massenblüher W	GB, Barr 1928
	'Teal Velvet'	frühblühend, rotviolett	USA, McEwen 1981
	'Vi Luihn'	späteste der dunklen Sorten, hoch, gut verzweigt	USA, Du Bose 1974
Rosa und Weinrot	'Chilled Wine'	niedrige Sorte mit schöner Zeichnung	USA, Hager 1981
	'Devil's Dream'	zweitonig weinrot	USA, Schafer Sacks 1990
	'Ewen'	spät mit heller Tigerzeichnung	USA, McEwen 1971
	'Jamaican Velvet'	niedrig und spätblühend	USA, McGarvey 1985
	'Mrs. Rowe'	früher Massenblüher W	GB, Perry 1916
	'Omar's Cup'	sehr niedrig, im Kalk schwach wachsend	USA, Hager 1982
	'Purple Wine'	sehr reichblühend	D, Tamberg 1993
	'Strawberry Fair'	auffallende Farbe	USA, Hollingworth 1994
Hellgelb	'Butter and Sugar'	niedrig, lange Blütezeit	USA, McEwen 1977
	'Dreaming Yellow'	weiß, grobes gelbes Saftmal	USA, McEwen 1969
	'Schwefelblüte'	Dom weiß, Hängeblätter schwefelgelb, sehr hoch	D, Tamberg 1995

Oben links: 'Ruffled Velvet' ist samtig wie der Name und wird nicht sehr hoch.

Oben rechts: 'Ewen' verträgt wie alle roten Sorten weniger Kalk und mehr Feuchtigkeit.

'Teal Velvet' wird höher, und die Tigerzeichnung auf dem dunkelvioletten Grund ist auffallend.

Spuria-Iris für den Garten

Iris spuria 'Premier' (1899) wirkt durch ihren grazilen Blütenaufbau und die Blütenfülle.

Alle hier aufgeführten Arten und Sorten sind gute Gartenpflanzen und eignen sich nicht nur für gemischte Rabatten, sondern auch ganz hervorragend für naturnahe Pflanzungen. Die größeren brauchen Platz (1 m^2) und können dann bis zehn Jahre unverpflanzt stehen. In den letzten Jahren wurden sie auch von den Floristen als gute Schnittblumen entdeckt, und zwar nicht nur die Blüten, sondern auch die dekorativen Samenstände.

Sir Michael Foster hat 1890 aus einer Kreuzung von *Iris* × *monnierii* × *Iris spuria*

Die hohe *Iris crocea* blüht hier im Juni vor der *Delphinium*-Sorte 'Piccolo'. Blattbüsche und auch Samenstände bilden bis in den Spätherbst Blickpunkte.

Iris orientalis 'Frigia' stammt aus Rußland. Das reine Weiß und die vielen mittelgroßen Blüten unterscheiden sie von den anderen Orientalis-Iris.

die schöne mittelblaue *Iris × monspur* gezüchtet, von der ein großer Teil unserer heutigen Hybriden abstammt. Die schmale, reizende 'Premier', im Jahre 1899 von Barr gezüchtet, ist heute noch sehr begehrt. Die *Iris-Spuria*-Hybriden verlängern die Irisblüte um vier Wochen.

Arten der Iris-spuria-Gruppe

Iris carthaliniae: 80–100 cm, frühe Art mit vier bis fünf hellblauen Blüten am Stiel, V – VI. Sie wächst in Georgien und im Kaukasus auf feuchteren Standorten.
Iris crocea (syn. I. *aurea*): Sie ist eine im Garten sehr wertvolle Art. 100–130 cm hoch, reingoldgelb mit drei bis vier leicht gewellten Blüten, kurz verzweigt, spätblühend VI – VII. Ihre Heimatgebiete sind in Kaschmir.
Iris graminea: 25–50 cm, mit meist zwei Blüten am Stiel in Blau-Violett. Die „Pflaumenduftiris" ist eine sehr variable Art, die Blüten sitzen zwar im Laub, aber wegen ihres ausgeprägten Pflaumenduftes ist sie sehr beliebt, V – VI. Ihr Verbreitungsgebiet erstreckt sich von Mitteleuropa bis in den Kaukasus.
Iris klattii: 60–90 cm, mittelblau, sieben bis zehn Blüten am Stiel. Ihre Blütezeit (V – VI) liegt etwa 14 Tage vor den Hybriden. Auch sie stammt aus dem Kaukasus und dem östlichen Transkaukasien. Sie verträgt etwas mehr Feuchtigkeit, wächst und blüht aber auch auf sehr trockenen Standorten.
Iris × monnierii: 100–130 cm, zwei bis vier zitronengelbe Blüten, späte Blütezeit VI – VII.
Iris orientalis 'Frigia': 130 cm, sehr reichblühende reinweiße Sorte, die von Prof. Rodionenko (Botanischer Garten Petersburg) hier bestimmt wurde.
Iris orientalis 'Gigantea': 130–150 cm, cremeweiße Blüten, mit gelbem Fleck am breiten Schlund, VI.
Iris sintenisii: 30–40 cm, mit zwei Blüten am Stiel in Blau-Violett, mit weißem Saftmal am Schlund, VI; sie verträgt leichten Halbschatten, im Nationalpark Galicica (Macedonien) sahen wir diese Art im lichten Wald neben Helleborus im Juni blühen.

Bewährte Iris-Spuria-Hybriden

Farbgruppe	Sorte	Farbe Bemerkungen (D = Dom, H = Hängeblätter)	Land, Züchter, Einführungsjahr
Weiß	'Lydia Jane'	elfenbeinweiß, H gelbe Mitte; früh	USA, Walker 1965
Hellblau	'Clark Cosgrove'	schönes Lavendelblau, breite H; hoch	USA, Hager 1975
	'Ethic'	mittelblau, H viele gelbe Adern, blauer Rand	USA, Ghio 1977
	'Farolito'	lavendelblau, H große gelbe Mitte	USA, Hager 1965
	'Follow Through'	schönes Hellblau, durchzogen von gelben Adern	USA, Hager 1981
	'Grand Illusion'	lavendel, goldbraun überhaucht	USA, Williamson 1972
	'Highline Lavender'	gedecktes Lavendel mit gelbem Saftmal	USA, McCowen 1968

Bei *Iris spuria* 'Clark Cosgrove' sehen wir die moderne Form mit breiten, leicht gewellten Hängeblättern.

Iris spuria 'Follow Through' ist niedriger als die meisten anderen, und das Hellblau mit den vielen Adern ist besonders interessant.

Die hohe 'Imperial Bronze' leuchtet in der Sonne und ist auch als Schnittblume begehrt. Ähnlich sind 'Connoisseur' und 'Sahara Sands'.

Farbgruppe	Sorte	Farbe **Bemerkungen** (D = Dom, H = Hängeblätter)	Land, Züchter, Einführungsjahr
Blau und Violett	'Eleanor Hill'	D mittelviolett, H goldbronze mit braunen Adern; hoch	USA, Hager 1980
	'Port Of Call'	violettblau mit gelbem Spot auf H	USA, Hager 1965
	'Premier'	schmale, mittelblaue Blüten; sehr hübsch	GB, Barr 1899
	'Proverb'	nachtblau, H samtig mit goldenen Adern	USA, Ferguson 1971
	'Thrush Song'	D mittelblau, H dunkler Rand mit bronze und olivbraunen Adern, dunkel und sehr farbig	USA, Ferguson 1958
Hellgelb	'Good Nature'	ganz einheitlich; früh	USA, Ferguson 1958
Goldgelb	'Archie Owen'	reines Goldgelb, breite Blüten	USA, Hager 1970
	'Elixir'	einheitlich goldgelb; hoch, gut	USA, Hager 1963
	'Far Out'	runde, breite Blüten	USA, Hager 1975
	'Penny Bunker'	leuchtend goldbronze; hoch	USA, McCowen 1982
	'Sunny Day'	altbewährte, reichblühende Sorte	USA, Sass 1931
Braun	'Connoisseur'	hellbraun; bewegte Blüten	USA, Hager 1966
	'Imperial Bronze'	goldbraun, zum Schlund gelb	USA, McCowen 1971
	'Sahara Sands'	goldbraun mit Gelb auf H	USA, Niswonger 1976
Braunrot	'Countess Zeppelin'	Ben Hager hat diesen Sämling zu Ehren von Frau von Stein-Zeppelin getauft. Erhielt 1994 Auszeichnung in den USA	USA, Hager 1987
	'Sarong'	D braun mit Purpur, H goldenes Saftmal; runde Blüten, hoch	USA, Hager 1974

Verwendung der Iris im Garten

Iris in der gemischten Rabatte

In kleineren Gärten kann man sich kaum eine extra Irisrabatte leisten, da dann viele andere Stauden, die wir haben wollen, zu kurz kämen. So kommt es darauf an, die Iris so in den Garten einzuordnen, daß ihre Ansprüche erfüllt werden.

In gepflegten, humusreichen Beeten und in schweren Lehmböden geben wir den Bartiris, vor allem in Gegenden mit vielen Niederschlägen, eine Schaufel Kies oder Splitt „unter die Füße", damit keine Staunässe entsteht. Bei ansteigendem Gelände kommen die Iris an die höheren Stellen, so kann auch hier das Wasser abziehen. Als Nachbarn, die mit den Iris zusammen blühen, eignen sich *Nepeta* × *faassenii* oder deren Sorte 'Six Hills Giant', *Linum*, *Salvia nemorosa*, verschiedene *Campanula*, frühe *Delphinium*, Päonien und vorsichtig einzeln dazwischen gesetzt *Papaver orientale* in Sorten. Da sie groß werden, aber im Sommer ganz einziehen, sollten sie nie in größeren Gruppen gepflanzt werden; im September treiben sie neu aus und überwintern mit grünen Rosetten. Für Sommer und Herbst können wir alle sonnenliebenden Beetstauden, die nicht feucht stehen wollen, mit Iris kombinieren. Meist bleibt das Laub in der gemischten Rabatte gesünder als in reinen Irispflanzungen. Die grauen Schwertblätter bilden schöne Kontraste zu den leuchtenden Farben.

Ein Irisgarten mit Rosen, *Salvia officinalis,* Päonien, Margeriten, *Allium* und viel blauem Lein - Stauden, die alle gern durchlässigen Boden haben wie die Iris.

Wichtig ist immer, darauf zu achten, daß die Bartiris nicht überwuchert werden.

Auch *Iris sibirica* lassen sich gut in die gemischte Staudenrabatte pflanzen. Die verschiedenen Blautöne und das Weiß passen z. B. gut zu den frühen gelben Taglilien (*Hemerocallis*), zu Euphorbien, *Papaver* und *Leucanthemum*.

Iris orientalis (syn. *I. ochroleuca*) und *Iris spuria* in Sorten, einzeln oder in kleinen Gruppen, können durch die straffen Laubbüsche, die Blüten und Fruchtstände interessante Akzente im Hintergrund der Beete ergeben.

◁ Eine vielfarbige Irisrabatte. Zu den lachsrosa und blauen Sorten paßt sehr gut die Unterpflanzung mit blauen Katzenminzen mit dem graugrünen Laub.

Irisbeete mit Zwischenpflanzung

Da die Bartiris trockenheitsliebende Stauden sind, die am besten in voller Sonne gedeihen und mit wenig Niederschlägen auskommen, sollten sie Begleitstauden mit ähnlichen Ansprüchen bekommen. Das erleichtert die Pflege: Gießen und Beregnen sind unnötig, außer natürlich nach der Pflanzung. So können harmonische Gartenbilder entstehen, die zur Irisblüte überwältigend, aber auch später – besonders im Herbst – noch sehr ansprechend sind.

Es ist wichtig, daß die Iris und ihre Begleitpflanzen genügend Raum haben, um, abgesehen von kleineren Eingriffen,

Blaue und violette Iris mit rotem Mohn wirken nicht nur in Bauerngärten. Da der Mohn nach der Blüte einzieht, bekommen die Iris im Sommer wieder Sonne an die Füße.

Ein Irisbeet in Gelb und Rot

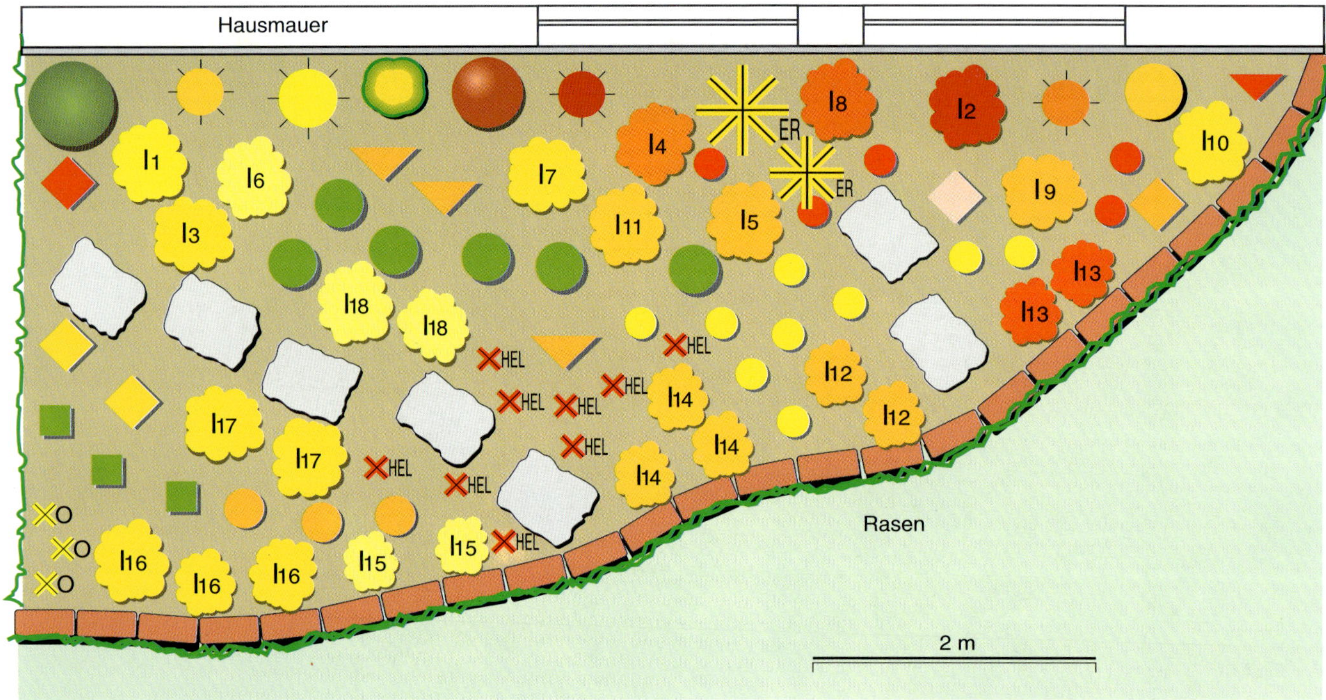

Iris-Barbata-Elatior

- I1 1 'Baroque Prelude'
- I2 1 'Dazzling Gold'
- I3 1 'Easter Time'
- I4 1 'Gypsy Caravan'
- I5 1 'Piroska'
- I6 1 'Queens Jubilee'
- I7 1 'Radiant Apogee'
- I8 1 'Spartan'
- I9 1 'Supersimon'
- I10 1 'Tulip Festival'
- I11 1 'Warm Gold'

Iris-Barbata-Nana

- I12 2 'Bembes'
- I13 2 'Lollipop'
- I14 3 'Orange Caper'
- I15 2 'Soft Air'
- I16 3 'Toskanerprinz'

Iris-Barbata-Media

- I17 2 'Butter Cookie'
- I18 2 'Curlew'

Zwischenpflanzung

- 6 *Euphorbia polychroma*
- HEL 9 *Helianthemum* 'Ruth'
- 9 *Helianthemum* 'Sterntaler'
- O 3 *Oenothera missouriensis* 'Greencourt Lemon'
- 3 *Oenothera tetragona* 'Sonnenwende'
- 3 *Santolina chamaecyparissus* ssp. *tomentosa*
- 5 *Zauschneria californica* ssp. *latifolia*

Solitärstauden

- 1 *Dendranthema* 'Fellbacher Wein'
- 1 *Dendranthema* 'Ordensstern'
- 1 *Dendranthema* 'Schaffhausen'
- 1 *Dendranthema* 'Schwabenstolz'
- ER 2 *Eremerus stenophyllus*
- 1 *Euphorbia characias* ssp. *wulfenii*
- 1 *Helenium* 'Baudirektor Linne'
- 1 *Helenium* 'Goldrausch'
- 1 *Hemerocallis* 'Cora Offer'
- 2 *Hemerocallis* 'Daily Bread'
- 1 *Hemerocallis* 'Gypsy Ruby'
- 1 *Hemerocallis* 'Just for you'
- 3 *Kniphofia galpinii*
- 1 *Sedum telephium* 'Herbstfreude'

Iris in der gemischten Rabatte

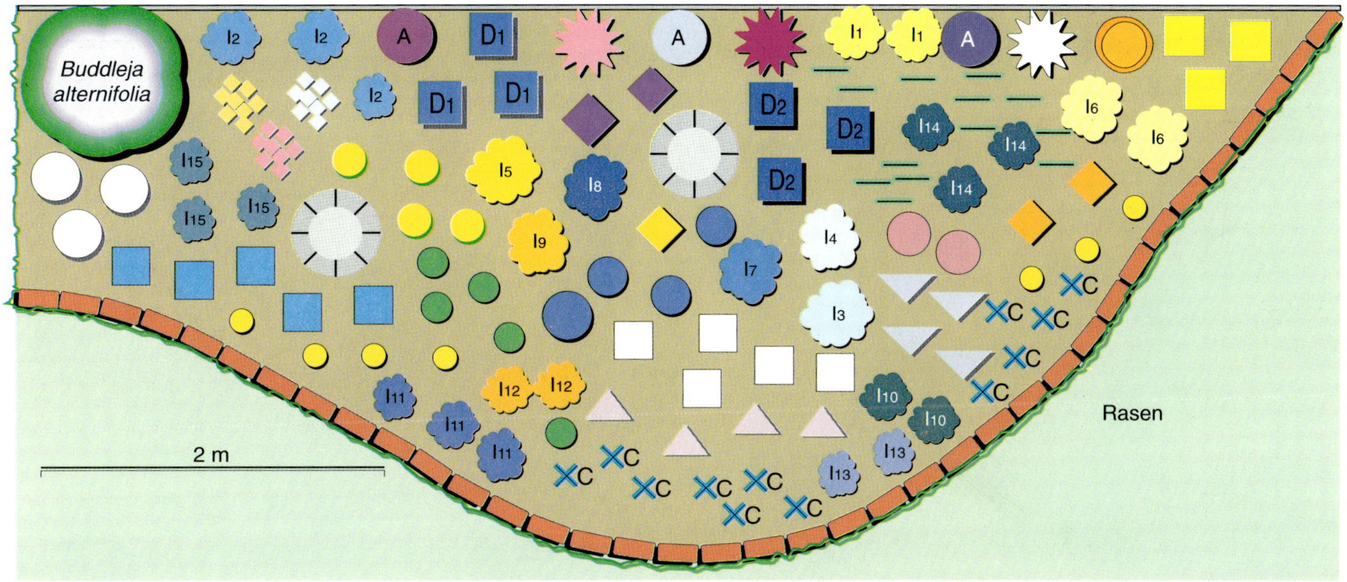

Iris spuria

- I1 2 'Elixir'
- I2 3 'Follow Through'

Iris-Barbata-Elatior

- I3 1 'Crown Sterling'
- I4 1 'Cup Race'
- I5 1 'Debbie Rairdon'
- I6 2 'Echo de France'
- I7 1 'Snow Mound'
- I8 1 'Superstition'
- I9 1 'West Coast'

Iris-Barbata-Nana

- I10 2 'Demon'
- I11 3 'Katy Petts'
- I12 2 'Orange Caper'
- I13 2 'Sapphire Gem'

Iris sibirica

- I14 3 'Marilyn Holmes'
- I15 3 'Swank'

Zwischenpflanzung und Solitärstauden

- 4 *Aster dumosos* 'Kristina'
- A 1 *Aster novae-angliae* 'Alma Pötschke'
- A 1 *Aster novae-angliae* 'Herbstschnee'
- A 1 *Aster novae-angliae* 'Violetta'
- 4 *Bergenia* 'Baby Doll'
- C 12 *Ceratostigma plumbaginoides*
- 9 *Chamaemelum nobile* 'Plenum'
- 4 *Coreopsis verticillata*
- D1 3 *Delphinium*-Elatum-Hybriden 'Blauwal'
- D2 3 *Delphinium*-Elatum-Hybriden 'Polarnacht'
- 3 *Arctanthemum arcticum* 'Stella'
- 1 *Euphorbia griffithii* 'Fireglow'
- 5 *Euphorbia polychroma*
- 7 *Helianthemum* 'Sterntaler'
- 3 *Heliopsis helianthoides* var. *scabra* 'Venus'
- 1 *Hemerocallis* 'Dancing Shiva'
- 1 *Hemerocallis* 'Hassie Garren'
- 1 *Hemerocallis* 'Ice Carnival'
- 2 *Hemerocallis* 'Buffys Doll'
- 1 *Hemerocallis* 'Lexington'
- 2 *Hemerocallis* 'Little Joy'
- 1 *Paeonia lactiflora* 'Illini Belle'
- 1 *Paeonia lactiflora* 'Modeste Guerin'
- 1 *Paeonia lactiflora* 'Thérèse'
- 2 *Papaver orientale* 'Kleine Tänzerin'
- 5 *Salvia nemorosa* 'Adrian'
- 5 *Salvia nemorosa* 'Blauhügel'
- 4 *Platycodon grandiflora* 'Fujis Blue'
- 2 *Caryopteris* 'Heavenly Blue'

Ein Irisbeet in Blau, Rosa und Weiß

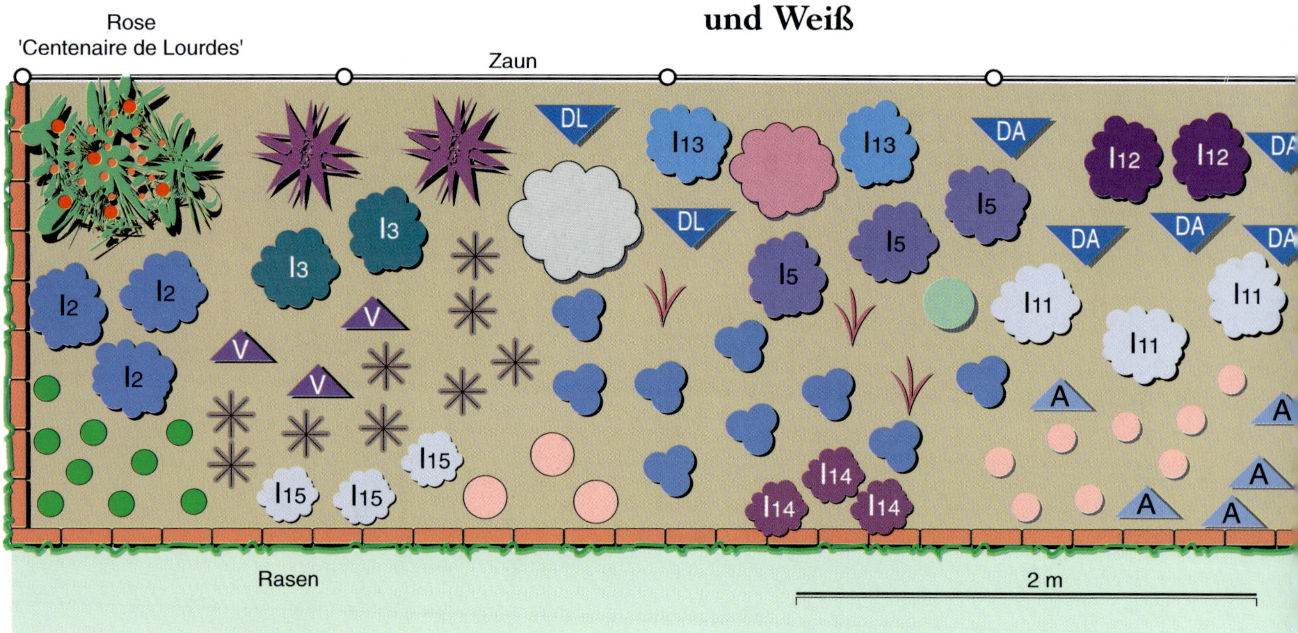

Iris-Barbata-Media

- I1 2 'Am I Blue'
- I2 3 'Hellcat'
- I3 2 'Helen Proctor'
- I4 2 'Morgendämmerung'

Iris-Barbata-Elatior

- I5 3 'Blue Luster'
- I6 2 'Dusky Challenger'
- I7 3 'Honky Tonk Blues'
- I8 2 'Leda´s Lover'
- I9 2 'Mary Frances'
- I10 2 'Pearl Chiffon'
- I11 3 'Silverado'
- I12 2 'Sultry Mood'
- I13 2 'Victoria Falls'

Iris-Barbata-Nana

- I14 3 'Hamburger Nacht'
- I15 3 'Katy Petts'
- I16 3 'Myra´s Child'
- I17 3 'Orchid Ray'
- I18 2 'Raindance'

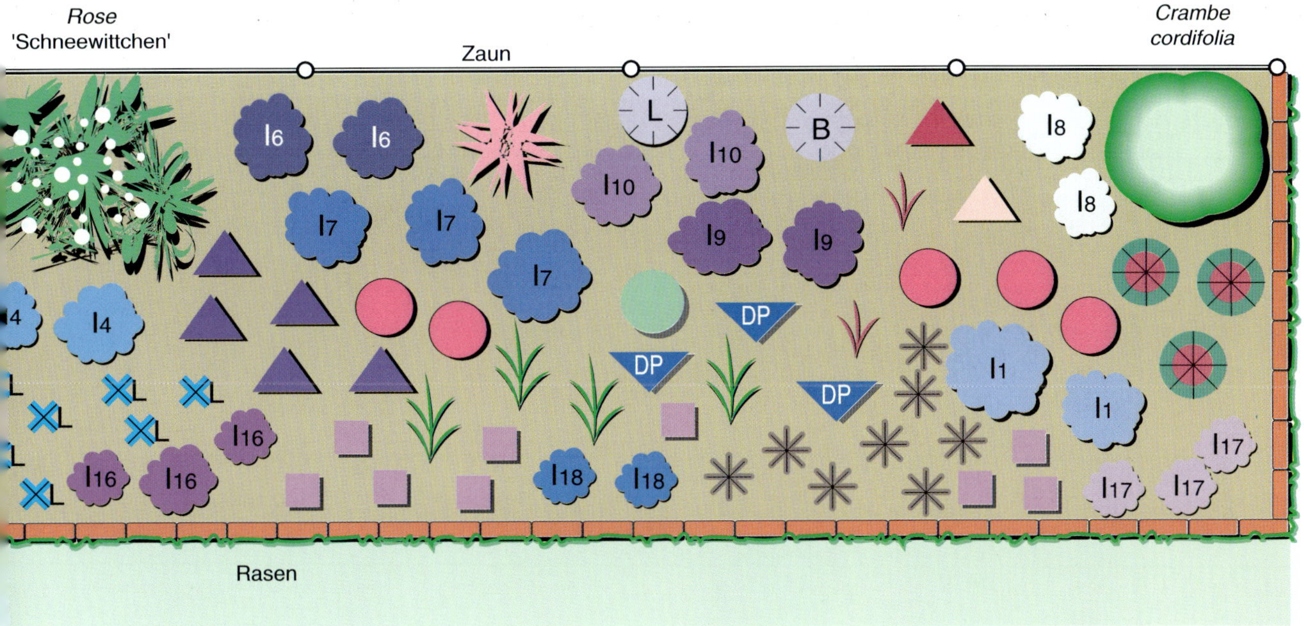

Zwischenpflanzung

- 3 *Aster amellus* 'Veilchenkönigin'
- 5 *Aster dumosus* 'Augenweide'
- 8 *Aster dumosus* 'Rosenwichtel'
- 3 *Aster lateriflorus* 'Prince'
- 17 *Calamintha nepeta* ssp. *nepeta*
- 3 *Delphinium*-Belladonna-Hybriden 'Piccolo'
- 2 *Dorycnium hirsutum*
- 5 *Gaura lindheimeri*
- 3 *Gypsophila repens* 'Rosenschleier'
- 4 *Helictotrichon sempervirens* 'Saphir Sprudel'
- 9 *Lavandula angustifolia* 'Grappenhall'
- 7 *Linum narbonense*
- 5 *Nepeta faassenii* 'Walkers Low'
- 9 *Salvia nemorosa* 'Blauhügel'
- 5 *Sedum telephium* 'Matrona'
- 9 *Veronica spicata* ssp. *incana*

Solitärstauden

- 1 *Aster ericoides* 'Blue Star'
- 1 *Aster laevis*
- 1 *Dendranthema* 'L'Innocence'
- 1 *Dendranthema* 'Schweizerland'
- 5 *Delphinium*-Belladonna-Hybriden 'Atlantis'
- 2 *Delphinium*-Elatum-Hybriden 'Lanzenträger'
- 1 *Lavatera thuringiaca* 'Barnsley'
- 1 *Paeonia lactiflora* 'Krinkled White'
- 1 *Paeonia lactiflora* 'Pink Princess'
- 2 *Perovskia* 'Superba'

Die großen Blütenbälle der *Allium rosenbachianum* passen sehr schön zu der samtigen Iris 'Welfengarten', erhellt durch die weiße 'Winter Carnival'.

Rechte Seite: Die vielfältigen Grüntöne und Blattformen sind fast das ganze Jahr sichtbar. Im Mai/Juni geben ein blühender Irishorst, Frauenmantel und Fingerhut mit einigen zarten Blüten von Polsterstauden Farbtupfer in diese Gartenecke.

vier bis sechs Jahre stehen zu können. So ist man nicht gezwungen, schon im zweiten Jahr die drangvolle Enge zu lichten. Iris wollen frei stehen, nicht von anderen Pflanzen überwuchert werden. Die Rhizome, die sich mit der Zeit aus dem Boden herausarbeiten, haben gern Sonne.

Je nach Größe des Beetes entscheiden wir uns, ob wir möglichst viele Sorten mit nur einer Pflanze wollen, oder weniger Sorten in größeren Tuffs. Bei nur einer Pflanze je Sorte sollte man, damit die Pflanzung nicht zu unruhig wirkt, jeweils eine Farbe in verschiedenen Tönen kombinieren, z.B. sehr helles Blau, Hellblau, Mittelblau, Dunkelblau bis Schwarzblau, dazu eine Gruppe von hellstem Cremegelb über Zitronen-, Mittel- und Goldgelb. Oder man kombiniert die verschiedenen Blautöne mit allen Nuancen von zartestem Lilarosa über Amethystfarben bis Veilchenviolett. Schwärmt man für Mischfarben (blends), so wirken diese am besten zwischen Schwerpunkten einer der Farben, die sie enthalten, also Lila bis Violett oder Kupfer-/Honigfarben. Wer warme Farbkombinationen bevorzugt, kann herrlich „malen“: Hellgelb – Ocker – Kupfer – Lachs über gelbrote Variegata bis zu warmem Braunrot, dazwischen gelb-braune Plicata.

Um die Blütezeit zu verlängern, kann man mit Zwergiris im Vordergrund anfangen, Iris-Barbata-Media-Hybriden einstreuen und bei den hohen Sorten verschiedene Blütezeitgruppen wählen. So kann man von Ende April bis Mitte Juni blühende Iris haben. Viele graulaubige Stauden, die wie die Iris gern trokken stehen wollen, passen sehr gut dazwischen. Nicht zu stark wuchernde Artemisien, Lavendel und Santolinen, *Nepeta* und *Calamintha*, *Eremurus*, ver-

Hier wachsen die Iris 'Snow Mound' und davor 'Lilac Treat' auf steinigem Untergrund aus den silbernen Polstern von *Stachys byzantina* 'Silver Carpet'.

schiedene *Allium*-Sorten, Asphodelinen und *Anthericum* lösen die Iris ab, und im Herbst blühen zwischen den Irisblatthorsten *Aster amellus*, hohe *Sedum*, Winterchrysanthemen (*Dendranthema*-Hybriden) in vielen Farben. Einzelne Gräser wie *Helictotrichon*, *Melica*, *Panicum*, *Pennisetum* und *Stipa* sorgen noch bis in den Winter für schöne Gartenbilder, wenn Rauhreif die Fruchtstände überzieht.

Wenn wir nicht auf Pfingstrosen und Rittersporn im Irisbeet verzichten wollen, ist es nur eine kleine Mühe, diese paar Pflanzen bei anhaltender Trockenheit etwa alle 14 Tage einmal kräftig zu gießen, ohne das ganze Beet zu bewässern.

Iris im Steingarten

Schon ab Februar blühen im Steingarten die Zwiebeliris, *Iris reticulata* in vielen Sorten und *Iris danfordiae*, die man im Sommer im Blumenzwiebelhandel preiswert bekommt und dann in kleinen Trupps – durch Maschendrahtkörbchen mäusegeschützt – pflanzt. Es ist gut, die Pflanzstellen zu markieren.

Im April folgt dann die große Gruppe der Iris-Barbata-Nana. Als erste blühen die Miniatursorten dieser Gruppe. Sie sind nur etwa 15 cm hoch und haben eine bis zwei Knospen am Stiel, können aber kräftige Tuffs bilden, die vor allem in kleinen Steingärten, Trögen und auf Dachgärten gut wachsen. Wichtig ist ein durchlässiges Substrat. Eingestreut zwischen Frühlingspolster und *Sempervivum* überraschen sie mit ihrem Farbenspiel.

In größeren Steingärten und auf Dachgärten mit einer Erdauflage von etwa 15 cm können auch die höheren Sorten (bis 35 cm), die meist verzweigt sind und mehrere Blüten am Stiel haben, gut gepflanzt werden. Mit drei bis fünf Pflanzen je Farbe bilden sie schöne Kontraste zu den Wildtulpen und kleinen Narzissen, überragen Polsterphlox, Blaukissen sowie Schleifenblumen. Diese Polster sollten die Iris nicht überwachsen, pflanzen Sie deshalb die Stauden mit etwas Abstand, und halten Sie später die Iris frei.

Die Sortenauswahl ist so groß (siehe Seite 53 bis 58), daß wir ganz bunt pflanzen können oder mit zwei bis drei Farben auch mit den Begleitpflanzen „malen". Wichtig ist es auch hier, die richtigen Partner auszusuchen, so daß das Beet nach der Frühlingspracht nicht farblos ist.

Ein strahlender Mittelpunkt ist die weiße Iris 'Skier's Delight' mit blauen Sorten wie 'Sapphire Hills', Glockenblumen, *Rosa husaria*, einer roten einfachen Rose, weißen Spornblumen, *Hosta* und einer herrlichen *Clematis*. ▷

In der Tabelle finden Sie einige Vorschläge von Stauden mit denselben Ansprüchen an Sonne und Trockenheit wie die Iris. In großen Steingärten oder an hohen Böschungen lassen sich natürlich gut einzelne Zwerggehölze, ebenso wie höhere Stauden, einstreuen.

In der Steinanlage erkennen wir im April Zwergiris, hier die zweifarbige 'Watercolor' in Polstern der *Phlox*-Sorte 'Crackerjack' mit vielen *Sedum*.

Begleitstauden zu Iris im Steingarten

Art/Sorte	Blütezeit	Besonderheit
Zusammen mit Zwergiris blühende Arten und Sorten		
Aethionema armenum 'Warley Rose' (Steintäschel)	IV – V	gute Dränage erforderlich
Alyssum saxatile (Steinkraut) in Sorten	IV – V	
Arabis caucasica (Gänsekresse) in Sorten	IV – V	
Aubrieta (Blaukissen) in Sorten	III – IV	
Bergenia (Bergenie), kleinere Sorten wie z.B. *B. stracheyi*, 'Belvedere', *B.*-Hybride 'Abendglut', 'Rosi Klose'	III – V	schönes Winterlaub
Iberis sempervirens (Schleifenblume) in Sorten	III – V	wintergrün
Linum alpinum (Lein)	IV	
Phlox douglasii (Polsterphlox) in Sorten	IV – V	meist wintergrün
Phlox subulata (Polsterphlox) in Sorten	IV – V	meist wintergrün
Noch mit den letzten Zwergiris im Mai blühen bis in den Juni		
Anacyclus depressus (Ringblume)	V – VI	nicht langlebig, aber versamt sich
Antennaria dioica (Katzenpfötchen) in Sorten	V – VI	wintergrau
Anthemis marschalliana (Silberkamille)	V – VI	auf durchlässigem Boden
Antirrhinum hispanicum (Löwenmäulchen)	V – X	wintertrocken
Artemisia schmidtiana 'Nana' (Silberkamille)	V – VI	auf durchlässigem Boden
Aster alpinus (Alpenaster) in Sorten	V – VI	am schönsten auf Geröll
Astragalus angustifolius (Tragant)	V – VI	wintergrün
Campanula portenschlagiana (Glockenblume) in Sorten	V – VI	wintergrün
Delosperma aberdeenense (Staudenmittagsblume)	V – X	Schutz vor Kahlfrost
Delosperma cooperi (Staudenmittagsblume)	V – X	Schutz vor Kahlfrost
Delosperma nubigenum (Staudenmittagsblume)	V – VI	Schutz vor Kahlfrost
Dryas octopetala (Silberwurz)	V – VI	schöner Samenstand
Euphorbia capitulata (Wolfsmilch)	V – VI	
Gypsophila repens (Schleierkraut) in Sorten	V – VI	
Helianthemum-Hybriden (Sonnenröschen) in Sorten	V – VII	wintergrün
Hypericum polyphyllum (Johanniskraut) in Sorten	V – VII	
Papaver alpinum (Alpenmohn)	V – VI	versamen lassen
Papaver nudicaule (Islandmohn) in Sorten	V – VII	
Penstemon hirsutus 'Pygmaeus' (Bartfaden)	V – VII	schöne Winterrosetten
Saxifraga paniculata (Steinbrech) in Sorten	V – VI	wintergrau
Sedum spathulifolium (Fetthenne) in Sorten	V – VI	wintergrau
Sisyrinchium (Binsenlilie) in kleinen Arten und Sorten	V – VII	
Thymus (Thymian) in Arten und Sorten	V – VII	nur auf leichten Böden
Veronica-Hybride 'Mme. Mercier' (Ehrenpreis)	V – IX	
Veronica prostrata (Ehrenpreis) in Sorten	V – IX	
Nach den Zwergiris blühen im Sommer im trokkenen Steingarten		
Diascia cordata 'Ruby Field' (Diascie)	VI – IX	Winterschutz
Campanula carpatica (Karpatenglockenblume) in Sorten	VI – VIII	
Geranium cinereum 'Ballerina' (Storchschnabel)	VI – IX	
Geranium dalmaticum (Storchschnabel) in Sorten	VI – VII	
Geranium lindavicum 'Apple Blossom' (Storchschnabel)	V – IX	

Begleitstauden zu Iris im Steingarten (Fortsetzung)

Art/Sorte	Blütezeit	Besonderheit
Nach den Zwergiris blühen im Sommer im trokkenen Steingarten		
Globularia cordifolia (Kugelblümchen)	V – VII	wintergrün
Gypsophila 'Rosenschleier' (Schleierkraut)	VI – VIII	
Inula ensifolia 'Compacta' (Alant)	VII – IX	
Oenothera missouriensis (Nachtkerzen) in Sorten	VI – X	
Penstemon pinifolius (Bartfaden) in Sorten	VII – VIII	
Petrorhagia (Felsennelke) in Sorten	VI – IX	
Pterocephalus perennis ssp. *perennis* (Alpenscabiose)	VII – IX	
Rosularia aizoon (Dickröschen)	VI – VII	
Salvia nevadensis (Salbei)	VI – VII	wintergrün
Salvia officinalis (Salbei) in Sorten	VI – VII	wintergrün
Scutellaria alpina (Helmkraut)	VI – IX	
Sedum pachyclados (Fetthenne)	VII	wintergrün
Sempervivum (Dach- oder Hauswurz) in Arten und Sorten	VI – VII	schöne Wirkung das ganze Jahr
Silene alpestris (Leimkraut)	VI – VIII	
Veronica spicata (Ehrenpreis) in Sorten	VI – VIII	
Veronica spicata ssp. *incana* (Ehrenpreis)	VI – VII	wintergrau
Ausgesprochene Herbstblüher im Steingarten		
Aster dumosus (Kissenaster) in niedrigen Sorten wie Hybride 'Augenweide', 'Herbstpurzel', 'Nesthäkchen', 'Rosenwichtel'	IX – X	
Ceratostigma plumbaginoides (Bleiwurz)	VII – X	in rauhen Lagen Winterschutz
Sedum cauticolum und *S. cauticolum* 'Robustum' (Fetthenne)	VIII – IX	
Zauschneria californica ssp. *latifolium* (Kolibritrompete)	VIII – X	in rauhen Lagen Winterschutz
Gräser zur Zwischenpflanzung		
Bouteloua oligostachya (Moskitogras)	VII – IX	
Festuca cinerea (Schwingel) in Sorten	VI – VII	
Koeleria glauca (Schillergras)	VI – VII	
Sesleria albicans (Kopfgras)	III – V	

Iris auf Dachgärten

Um Dachgärten dauerhaft zu bepflanzen, brauchen wir (auch für kleine Flächen) für die Statik, die Konstruktion der Dränschicht und für die Substratzusammensetzung die Hilfe eines Fachmannes. Die Bepflanzung kleinerer Dächer, wie z.B. von Garagen, kann man dann selbst zusammenstellen und pflanzen. Hier eignen sich bei einer Substrathöhe von nur 10 cm sehr gut die Miniaturiris der Barbata-Nana-Gruppe mit einer Höhe bis 20 cm. Man kann vielseitige Farbkombinationen zusammenstellen, wenn sie in Gruppen eingestreut werden zwischen Antennarien, vielen *Sedum*- und *Sempervivum*-Sorten, *Saxifraga paniculata*, *Dianthus gratianopolitanus*, Thymiane, Schnittlauch und *Festuca cinerea* (syn. *F. glauca*). Alle diese Dachstauden werden in Quickpots oder Multiplatten mit Kleinballen herangezogen und am besten im Frühjahr oder Spätsommer gepflanzt, damit sie noch gut anwachsen. Bei einer Substrathöhe von etwa 15 cm kommen auch die Sorten der Iris-Barbata-Nana-Gruppe in Frage, die bis 30 cm hoch werden.

Höhere Bartiris sind nur auf großen Dachgärten, die durch Wände oder Gehölze windgeschützt sind, zu empfehlen. Für größere Dachterrassen kann man Iris in Großcontainer (15 bis 25 l) pflanzen. Dabei sollte unten in die Töpfe eine Kiesschicht von etwa 6 bis 8 cm kommen, damit der Wasserabzug gesichert ist. Diese Container kann man dann vor der Blüte in schöne Übertöpfe oder Terracotten auf die Terrasse stellen und eventuell nach der Blüte mit anderen Großcontainern (z.B. *Hemerocallis*) austauschen. Nach etwa drei Jahren müssen die Container neu bepflanzt werden.

Iris in Trögen

Die großen Pflanztröge an vielen Neubauten können vielfältig mit Zwerggehölzen und Stauden bepflanzt werden. An sonnigen Stellen eignen sich Iris-Barbata-Nana sehr gut zusammen mit Lavendel, Santolinen, *Helianthemum*, *Helichrysum*, *Salvia officinalis* in Sorten, *Campanula* und *Sempervivum*. Diese Stauden sind alle wintergrün, dazu kann man an den Rand der Kästen zum Herunterhängen *Oenothera*, *Saponaria* und niedrige *Gypsophila* setzen. An exponierten Stellen und bei anhaltenden Kahlfrösten ist es gut, über die Wintergrünen einige Koniferenzweige zu stecken. Wenn sie aber zurückfrieren, treiben sie nach Rückschnitt im Frühjahr wieder neu aus.

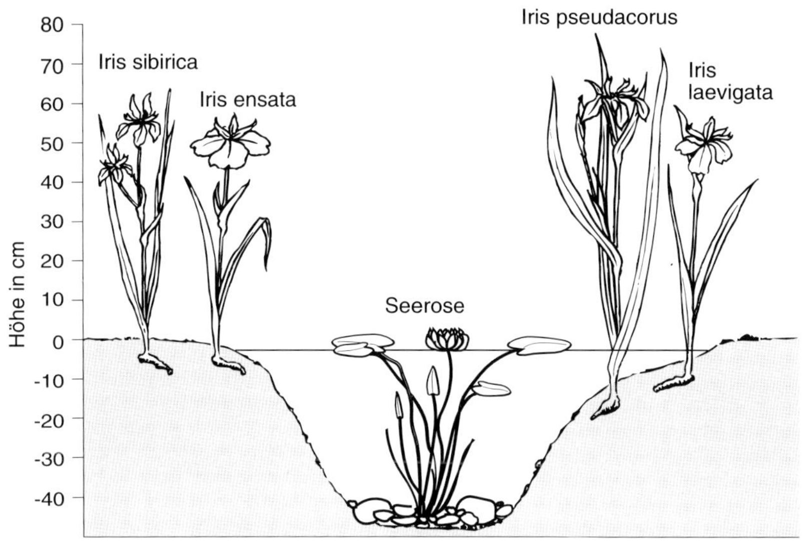

Pflanzorte und Wuchshöhen der Iris für den Teich

Iris am Wasser

Für die feuchten oder nassen Randzonen der Gewässer können wir viele der bartlosen Iris verwenden. Die Skala reicht von 10 bis 30 cm im Wasser über sumpfig-feucht bis fast trocken. Dabei ist zu beachten, daß wir die Iris auf feuchtem Standort mit größerem Abstand pflanzen als auf trockenem, da sie sich schneller ausbreiten.

Iris pseudacorus

Die wüchsigste Art ist die heimische Sumpfiris, die in Wassertiefen von 30 bis 40 cm, wie auf feuchten bis trockenen Standorten zum Wuchern neigt. Es gibt davon eine Reihe Hybriden, die alle etwas weniger stark wachsen und daher für kleine Wasserbecken oder Teiche besser geeignet sind. Sie blühen von Ende Mai bis Ende Juni. Will man der Ausbreitung Grenzen setzen, so ist es wichtig, die Samenstände, ehe sie reif sind, abzuschneiden.

Iris pseudacorus var. *bastardii* ist eine schwefelgelbe Art aus England (Nordwales).

Iris pseudacorus 'Alba', eine schöne cremeweiße Form, die aber empfindlicher ist.

Iris pseudacorus var. *superba* (syn. 'Golden Queen') hat rein goldgelbe, größere Blüten als die Art.

Iris pseudacorus 'Compact Form' ist wesentlich niedriger und hat schmales Laub.

Iris pseudacorus 'Roy Davidson' ist eine Hybride von Ben Hager (USA), deren Blüten dreimal so groß sein sollen wie die Art, und vor allem soll sie dreimal so lange blühen! Sie ist goldgelb mit brauner Zeichnung.

Iris pseudacorus 'Variegata' hat grüngelb panaschierte Blätter, vor allem im Frühjahr und Frühsommer. Sie muß vegetativ vermehrt werden, da die Sämlinge fast immer grün sind.

Von Eckard Berlin/Biberach stammen die tetraploiden Sorten: 'Beuron' (hell- bis mittelgelb, großblumig, bis 120 cm hoch), 'Ilgengold' (goldgelb mit steifen aufrechten Blättern, 90 bis 100 cm) und 'Fahle Ilge' (schwefelgelb, großblumiger als *Iris pseudacorus* var. *bastardii*, blüht etwas später als die beiden ersten). Auf der GRÜN 80 in Basel waren die drei Sorten sehr schön zu vergleichen.

Von Dr. Tamberg/Berlin stammt 'Berlin Tiger' mit sehr schöner mahagonifarbener Zeichnung auf Goldgelb; Höhe etwa 100 cm.

Iris versicolor

Wie in Europa *Iris pseudacorus* so ist in Nordamerika *Iris versicolor* heimisch. Sie sind niedriger und nicht gelb, sondern violett, lila und purpur. Die Blattansätze sind auffallend violett-purpur.

Iris versicolor var. *kermesina* - eine schöne Variante zu der blau-violetten Art.

Die am meisten verbreitete *Iris versicolor* blüht violett mit weißer Zeichnung und vielen Adern am Schlund. *Iris versicolor* 'Kermesina' ist purpur, und *Iris versicolor* 'Rosea' hat ein hübsches lilarosa. Außer diesen verbreiteten Typen gibt es in den USA schon eine Reihe sehr schöner Züchtungen auch in reinweiß.

Von Dr. Tamberg/Berlin stammt die Sorte 'Berlin Versilaev' (syn. *I.* × *versilaev; Iris versicolor* × *Iris laevigata*) mit purpurrot leuchtenden Blüten und gelbem Nagel. Monsieur Cayeux nennt sie „bezaubernd, die Perle des Wasserbekkens!"

Linke Seite:
Hier stehen die *Iris pseudacorus* im Teich mit Seerosen. Der dunkle Schlitzahorn spiegelt sich im Wasser, und die Kulisse bildet eine Rhododendronhecke.

Iris laevigata und Iris ensata

Beide gedeihen nur in kalkfreiem Substrat und Wasser. *Iris laevigata* wachsen und blühen sehr schön in einer Wassertiefe von 10 bis 20 cm, während *Iris ensata* am liebsten feucht stehen und vorübergehend im Sommer im Wasser stehen können, hauptsächlich aus optischen Gründen, wie uns Professor Hirao aus Japan anläßlich der IGA in Hamburg erklärte.

Bekannte Sorten von *Iris laevigata* sind 'Alba', 'Monstrosa', 'Rose Queen' und 'Albopurpurea'. Mit Ausnahme von 'Monstrosa', die sechs Hängeblätter hat, sind diese Sorten besonders hübsch und graziös. *Iris laevigata* 'Variegata' hat sehr auffallend weiß-grün panaschiertes Laub bis in den Herbst.

Rechte Seite:
In dem feuchten Untergrund fühlen sich die *Iris ensata*-Sorten neben den riesigen Büschen von *Aruncus* und umspielt von den hohen weißen *Penstemon digitalis* wohl.

Von den *Iris ensata* gibt es viele hundert Sorten, in Japan wird seit über fünfhundert Jahren gezüchtet. Die Art selbst hat drei kleine nach oben stehende Domblätter und drei breitere Hängeblätter. Die meisten Züchtungen heute, deren Blüten tellerförmig wirken, haben sechs breite Hängeblätter, die sich waagerecht überlappen. Außerdem gibt es noch gefüllte Sorten mit neun bis zwölf Hängeblättern, bei denen keine Form mehr zu erkennen ist, aber das ist Geschmackssache! Außer den Farben Weiß, Violett, Blau, Purpur, Rosa in allen Schattierungen und mit Adern und Zeichnungen gibt es heute durch die Einkreuzung mit tetraploiden *Iris pseudacorus* auch schon gelbe Sorten, die aber noch nicht genügend wüchsig sein sollen.

Wenn man in Gärten mit kalkhaltigen Böden (hohe pH-Werte) und hartem Wasser *Iris laevigata* und *Iris ensata* haben will, empfiehlt es sich, diese in Eimer mit Rhodohum zu pflanzen und während der Monate Mai bis September am Wasser oder im Wasser einzusenken (Beschreibung Seite 126).

Louisiana-Iris

Sie bilden eine Gruppe, die ich hier nicht sehr viel näher beschreiben, sondern nur erwähnen will, da sie in der Zukunft für uns an Bedeutung gewinnen wird. Sie verlangen wie die *Iris laevigata* und *Iris ensata* kalkfreies Substrat, Feuchtigkeit und volle Sonne.

Im Süden der USA heimisch, werden sie seit etwa 40 Jahren züchterisch bearbeitet, und es gibt bisher bei Iris nicht gekannte Farbtöne in Orange und Rot. Leider ist die Züchtung noch nicht so weit, daß sie sich für unser rauheres, europäisches Klima eignen, aber es wird voraussichtlich nur wenige Jahre dauern, bis dieses Ziel erreicht ist. Irisliebhaber mit klimatisch begüngstigten Gärten haben bei entsprechender Pflege schon Erfolge erzielt.

Bewährt seit Jahrzehnten ist die Louisiana-Hybride (*Iris fulva* × *Iris foliosa*) 'Dorothee K. Williamson' eine hervorragende und absolut harte Sorte für feuchte Gärten. Sie blüht im Mai/Juni tief purpur-violett und wird etwa 70 cm hoch.

Bei größeren Feuchtzonen ist auch die stark wachsende *Iris foliosa* (syn. *brevicaulis*) sehr gut zu verwenden. Die Blüten sitzen an zickzackförmigen Stielen etwas in dem überhängenden Laub, sie leuchten in kräftigem Hellblau und breiten sich stark aus.

Iris sibirica

Die wichtigste Gruppe der Iris am Wasser ist das große Sortiment der *Iris sibirica*.. Alle auf den Seiten 83 bis 86 beschriebenen Sorten sind geeignet. Gepflanzt werden sie im Abstand von 60 bis 80 cm. Als Nachbarn in naturnahen Pflanzungen für die in der Tabelle mit „W" bezeichneten Sorten eignen sich folgende Stauden: *Caltha palustris*, *Myosotis palustris*, *Geum rivale*, *Trollius europaeus*, *Hemerocallis minor*, *Hemerocallis lilio-asphodelus* und andere Arten, *Tradescantia*-Andersoniana-Hybriden, *Eupatorium*, *Lythrum virgatum*,

Iris am Teich

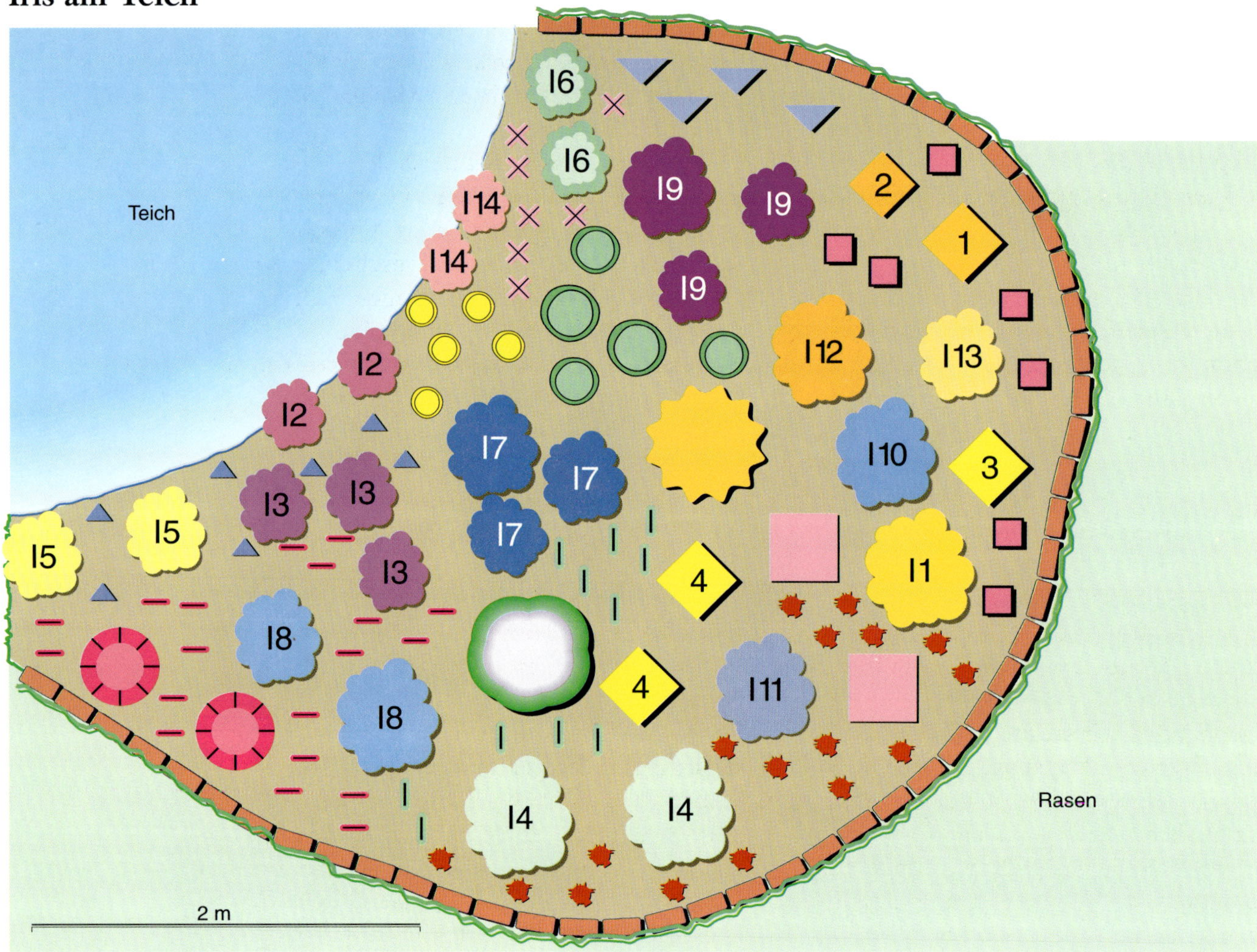

- I1 — 1 *Iris crocea*
- I2 — 2 *Iris laevigata*
- I3 — 3 *Iris*-Louisiana-Hybriden 'D.K. Williamson'
- I4 — 2 *Iris orientalis* 'Frigia'
- I5 — 2 *Iris pseudacorus*
- I6 — 2 *Iris sanguinea* 'Snow Queen'
- I7 — 3 *Iris sibirica* 'Jaybird'
- I8 — 2 *Iris sibirica* 'My Love'
- I9 — 3 *Iris sibirica* 'Shirley Pope'
- I10 — 1 *Iris spuria* 'Just Reward'
- I11 — 1 *Iris spuria* 'Premier'
- I12 — 1 *Iris spuria* 'Sahara Sands'
- I13 — 1 *Iris spuria* 'Sunny Day'
- I14 — 2 *Iris versicolor*

Zwischenpflanzung

- 17 *Ajuga reptans* 'Atropurpurea'
- 5 *Caltha palustris*
- 1 *Filipendula rubra* 'Venusta'
- 10 *Geum rivale* 'Album'
- 6 *Geum rivale* 'Leonard'
- 1 — 1 *Hemerocallis* 'Alli Sheldon'
- 2 — 1 *Hemerocallis* 'August Orange'
- 3 — 1 *Hemerocallis* 'Corky'
- 4 — 2 *Hemerocallis* 'Lemon Bells'
- 1 *Ligularia x palmatiloba*
- 5 *Lysimachia clethroides*
- 2 *Lythrum* 'Feuerkerze'
- 1 *Miscanthus sinensis* 'Nippon'
- 7 *Myosotis palustris*
- 15 *Polygonum affine* 'Superbum'
- 7 *Primula rosea* 'Gigas'
- 5 *Tradescantia x andersoniana* 'Leonore'

Filipendula ulmaria, Polygonum bistorta, Primula florindae, Lysimachia punctata und Gräser wie viele *Carex, Glyceria, Molinia caerulea.*

In gepflegte Feuchtbereiche passen noch dazu: *Primula rosea, P. bullesiana, P. bulleyana* und *P. japonica, Astilben* in Sorten, *Filipendula rubra* u. a., *Lysimachia clethroides, Ligularia* in Sorten, *Hibiscus moscheutos* 'Chatelaine'.

Iris orientalis (syn. *I. ochroleuca*) stehen schön im Hintergrund, wo es schon trokkener wird.

Iris als Schnittblumen

Die verschiedenen Iris-Arten sind sehr gute Schnittblumen, und das zu einer Zeit, wo es noch wenig großblumige Stauden im Garten gibt. Bei allen ist es wichtig, daß wir sie möglichst knospig schneiden (die Knospen müssen Farbe zeigen) oder gerade frisch aufgeblüht, damit sie einige Tage in der Vase halten. Bricht man die verblühten Blumen aus, so blühen die Nebenknospen auf; bei den Zwergiris sind es nur zwei bis vier, bei den hohen Iris acht bis zwölf an einem Stiel. Die Zwergiris stecken wir in Schalen mit Frühlingsblühern wie *Alyssum, Iberis, Dicentra* und *Brunnera* und kleinen Zweigen von *Prunus* und *Spiraea.* Man kann zauberhafte Zusammenstellungen kombinieren, und der Irisduft ist eine besondere Zugabe. Die Iris-Barbata-Media können wir schon farbig abgestimmt mit Flieder und anderen frühblühenden Gehölzen und den ersten Päonienarten kombinieren. Die Miniature Tall Bearded Iris oder Table Iris kann man hervorragend mit anderen Stauden zu Tischdekorationen verarbeiten, und *Iris sibirica* sind mit ihren herrlichen Blautönen, zusammen mit gelben *Trollius, Alchemilla,* kleinen frühen *Hemerocallis,* mit *Heuchera* und Akeleien, unentbehrlich für kleine Tischvasen. Herrlich sind sie langstielig geschnitten zwischen ungefüllten Päonien.

Bei der Farbenvielfalt der hohen Bartiris sind der Phantasie keine Grenzen gesetzt. Wir können gelbe Iris mit kupfer- und braunroten Sorten mischen, dazu Laub vom roten Perückenstrauch, Blutahorn, dazu *Rosa hugonis* und gelbe Strauchpaeonien und *Euphorbia* 'Fireglow' kombinieren. Oder wir mischen weiße und verschiedene Blautöne mit rosa und roten Päonien und grauen Hostablättern. Natürlich kann man auch nur Ton in Ton „malen" mit verschiedenem Grün. Manche Iris, die durch ihre gedeckten oder düsteren Farben oder feine Zeichnungen im Garten nicht wirken, sind in der Vase sehr dekorativ. Schon ein Stiel mit einem passenden Blatt kann hier genügen.

Für Ausstellungen und Stengelschauen gelten noch einige besondere Hinweise: Hier müssen die Stiele unbedingt knospig geschnitten werden, dabei werden die Blüten nach unten gehalten, so daß alle Feuchtigkeit heraustropfen kann. Jeder einzelne Stiel wird dann auf einen großen Bogen Seidenpapier gelegt und dieses einmal umgeschlagen. So kann man sechs bis zehn Stiele fest in einem Bogen verpacken; die „Rolle" wird mit Bast oder Gummi zugebunden und das Etikett mit dem Sortennamen befestigt, denn beim Stecken der Sträuße kann auch der Fachmann nicht an der Knospe die Sorte erkennen. Die „Irispakete" werden in Blumenkartons, die man in seinem Blumengeschäft erhält, trocken fest verpackt, so daß sie nicht verrutschen können. Der Transport per Flugzeug (z. B. zur Chelsea Flower Show), per Bahn oder per Auto zum Ausstellungsort ist dann kein Problem. Werden die Sträuße nicht mehr am selben Tag gesteckt, an dem die Iris geschnitten sind, stellt man sie im Seidenpapier verpackt in Wassereimer und öffnet die Rolle erst, wenn die Blumen gesteckt werden, damit kein Blütenblatt beschädigt wird oder abbricht. Es ist immer wieder ein Wunder zu erleben, wie die Blüten sich öffnen, entweder beim Auswickeln oder nach einigen Stunden in der Vase. Ist man besorgt, daß nicht alles bis zur Ausstellungseröffnung aufblüht, so kann man sich helfen, indem man lauwarmes Wasser nimmt und die Gefäße über Nacht oder einige Stunden vorher in einen wärmeren Raum stellt. Selbst wenn wir viele hundert Irisstiele bei strömendem Regen schneiden mußten, hat sich dieses Verfahren bewährt.

Bei großen Sträußen steckt man zuerst die Gehölze in die Gefäße, frühe Rosen, Päonien, erste Rittersporn und dann die Iris dazwischen. Man muß darauf achten, daß nach allen Seiten genügend Platz für die geöffneten Blüten bleibt, damit sie richtig zur Geltung kommen, also nicht zu viele Irisstiele in eine Vase. Die noch geschlossenen Knospen blühen alle im Lauf von zwei bis fünf Tagen auf, je nach Wärme. Natürlich muß man die verblühten Blumen vorsichtig ausbrechen; das ist auch zu Hause wichtig, da sie tropfen und häßliche Flecken machen.

Schneidet man Iris für einen Wettbewerb (z.B. bei der Fachgruppe Iris der Gesellschaft der Staudenfreunde), so muß man die einzelnen Stiele natürlich besonders gut nach gesundem Laub, Verzweigung und Knospenansatz aussuchen, da zur Zeit der Bewertung zwei, noch besser drei Blüten geöffnet sein sollten. Hier gibt es ein neues Verfahren, einzelne Knospen am vorzeitigen Aufblühen zu hindern, indem man ihnen zum Transport vorsichtig einen elastischen Netzschlauch überstülpt. Beim Wettbewerb werden die Stiele meist einzeln in schlanken Gläsern gezeigt, der jeweiligen Ausstellungsklasse zugeordnet. Die gute Etikettierung ist natürlich sehr wichtig.

Da die Termine für die Ausstellungen schon fast ein Jahr vorher festliegen und sich nicht nach der Witterung richten können, ist es immer Glückssache, ob man zum Termin blühende Iris hat, die man gern zeigen möchte. Leider lassen sie sich im Kühlraum nicht so lange wie Päonien zurückhalten; dies ist nur wenige Tage lang möglich, ohne daß sich die Farbe ändert. Auf keinen Fall dürfen sie naß in den Kühlraum kommen, sonst blühen sie fleckig und zerknittert auf. Sollten die Iris-Barbata-Elatior-Sorten noch nicht so weit sein, dann gibt es vielleicht schöne Iris-Barbata-Intermedia-Stiele oder die letzten Zwergiris. Sind die hohen Bartiris zum größten Teil verblüht, finden wir vielleicht noch späte *Iris-sibirica*-Sorten oder gar schon die ersten *Iris-orientalis*- und *Iris-spuria*-Blüten. Gerade letztere eignen sich gut für Gestecke und können Bodenvasen füllen, zusammen mit dekorativen Gehölzen und großen breiten Blättern von *Hosta*, *Aruncus* oder Rodgersien. In Herbststräußen und in Trockensträußen für den Winter geben die Samenkapseln von *Iris sibirica*, *Iris orientalis* und Spuria-Sorten besondere Akzente.

Es gibt viele Möglichkeiten, Irissträuße zu stecken. Hier sind sie mit Mohn und Wildstauden kombiniert, wobei der schöne Blattfächer dominant ist. ▷

Irisduft

Bei verschiedenen Arten und Sorten ist der Duft schon erwähnt worden. Duft ist eine sehr erfreuliche Zugabe bei vielen Iris. Zuerst fällt uns dabei die Pflaumenduftiris, *Iris graminea*, ein, die wir hauptsächlich wegen des Duftes pflanzen. Wenn sie blüht, muß man einige Stiele ins Zimmer holen, denn draußen sitzen die Blüten im Laub.

Die kleinen Zwiebeliris, *I. reticulata* und *I. danfordiae*, die oft aus dem Schnee, immer aber bei kaltem Wetter im Februar/März blühen, duften sehr angenehm und süß, wenn man sie in die Wärme nimmt.

Als nächste blühen die Zwergiris, deren Duft schon draußen in der Sonne ganz intensiv und sehr verschieden sein kann, das haben sie von ihren Vorfahren, den echten *Iris pumila*, geerbt. *Iris pallida*, deren Rhizome als „Veilchenwurzel“ den

Säuglingen zum Zahnen gegeben werden und die heute noch in der Kosmetikindustrie verarbeitet werden, hat als Synonym die Bezeichnung *Iris odoratissima*.

Vor etwa zwei Jahren erklärte mir ein Winzer, der sich in der Toskana niederlassen wollte, daß *Iris pallida*, zwischen die Reben gepflanzt, das Aroma des Weines intensiviere! Es wäre interessant, dies auszuprobieren.

Iris germanica var. *florentina* (grauweiß), *I. flavescens* (hellgelb) und *I.* × *sambucina* (braunviolett) duften, wenn sie auch sonst kaum Gartenwert haben.

Iris der Spuria-Gruppe duften teilweise, besonders die Arten, dagegen haben *Iris sibirica, I. laevigata* und *I. ensata* keinen oder nur angedeutet Duft.

Wenn die hohen Bartiris blühen, hüllen sie uns vor allem in der Sonne in Duftwolken; alle duften mehr oder weniger stark, mehr frisch oder süß, manchmal wie Kakao oder Früchtetee, manche eher nach Vanille oder Veilchen – einfach Irisduft, der zum Mai gehört wie die Farbenvielfalt ihrer Blüten. Auch Rhizome der Bartiris duften verschieden, was sehr auffällt, wenn man sie zur Vermehrung zerschneidet.

Während ich Ende August schreibe, stehen neben mir Stiele der Sorten 'Lovely Again' und 'Lugano'. Im Mai schaut man die beiden kaum an, aber als sichere Herbstblüher sind sie begehrt, und Irisduft im August – welch eine Freude!

◁ *Iris graminea* mit dem unverwechselbaren Pflaumenduft.

Pflanzung und Pflege

Bodenansprüche und Bodenverbesserung

Für Iris – wie für alle Stauden – ist es wichtig, die Pflanzfläche sorgfältig vorzubereiten. Beim Umgraben müssen alle Wurzelunkräuter, selbst kleinste Teile, herausgesammelt werden; das erspart uns später sehr viel Arbeit, denn Quecken oder Giersch aus Irishorsten zu jäten, ist unmöglich, und mit der Hacke würden die Rhizome verletzt.

Ist man über die Bodenbeschaffenheit ganz unsicher oder haben sich Probleme ergeben, lohnt es auf jeden Fall, eine Bodenuntersuchung machen zu lassen. Man entnimmt an verschiedenen Stellen des Beetes Erde aus der Wurzeltiefe, je nach Größe der Pflanzfläche 500 bis 1000 g, und schickt diese ein. Dabei gibt man an, was auf dem Beet gepflanzt war und was in Zukunft dort wachsen soll. Das Institut teilt dann mit, welche Nährstoffe oder Spurenelemente fehlen oder zuviel vorhanden sind und gibt das Rezept zur Verbesserung. Das gilt natürlich für alle Pflanzungen, nicht nur für Iris. Die Adressen von Bodenuntersuchungslabors finden Sie im Branchenverzeichnis oder erfahren sie über Landwirtschaftskammern.

In den Bodenansprüchen unterscheiden sich die einzelnen Irisgruppen.

Die weiß-lila Sorte 'Margarita' blüht immer zuverlässig und reich; davor die schön geformten Blüten von 'Changing Times'.

Bartiris

Sie wollen vollsonnige Plätze in einem neutralen bis kalkhaltigen Boden. Sie wachsen sowohl in lockeren Humusböden als auch auf Sand. Bei Lehmböden (vor allem in heißen Gegenden) muß ein sicherer Wasserabzug gewährleistet sein, denn Staunässe vertragen die Bartiris auf keinen Fall. Man kann schwere Böden durch Zugabe von scharfem Sand, Split oder Blähtongrus durchlässiger machen. Bei verdichteten Tonböden ist es gut, eine Dränage aus grobem Kies in einer Tiefe von etwa 15 bis 20 cm einzubringen. Eine leichte Hanglage ist günstig, da das Wasser abziehen kann. Ist der Boden sauer, kann man ihn mit Düngekalk neutralisieren und zusätzlich Bentonit, ein natürliches Tonmehl, einbringen (50 bis 100 g je m^2).

Als Startdüngung gibt man den Bartiris und deren Begleitstauden einen organischen Dünger mit einem hohen Anteil von Kali und Phosphor und wenig Stickstoff. Dafür eignen sich Oscorna, Hornoska, Horn- oder Knochenmehl mit etwa 20 bis 30 g je m^2.

Bartlose Iris

Hier haben die Arten und Sorten der Spuria-Gruppe dieselben Bodenansprüche wie die hohen Bartiris, während die Sorten der Sibirica-Gruppe pH-Werte im sauren bis neutralen Bereich (pH 6,5 und saurer) bevorzugen und mehr Feuchtigkeit als die Bartiris brauchen. Schwere alkalische Böden verbessert man durch Zusatz von reifem Kompost, Rindenhumus oder Torf bzw. Torfersatzstoffe. Es ist sehr wichtig, daß die Pflanzen, bis sie angewachsen sind, durchdringend gewässert werden. Es hat sich aber bei uns in extrem heißen Sommern auf Lehmboden gezeigt, daß sie dann auch wochenlange Trockenheit vertragen, ohne zu leiden. Das gilt sicher nicht auf leichten Sandböden.

Die Iris der Laevigata-Gruppe verlangen, mit Ausnahme der *Iris pseudacorus*, die sowohl im Wasser, im Sumpf wie auf trockenen Lehmböden wächst, einen sauren pH-Wert, vor allem *Iris laevigata* und *Iris ensata* (kaempferi der Gärten). In Böden mit pH-Werten über 6,5 und hartem Gießwasser empfiehlt es sich, die beiden letzteren in Rhodohum zu pflanzen und eventuell mit den Eisenpräparaten Fetrilon oder Sequestren im Gießwasser die Eisenversorgung sicherzustellen. Man sollte das tun, sobald die Blätter anfangen, gelb zu werden, wobei es erstaunlich ist, wie schnell die Pflanzen reagieren und von den Blattadern aus wieder dunkelgrün werden.

Zwiebeliris

Für die Iris der Reticulata-Gruppe ist lockerer, sandiger Boden im neutralen bis kalkhaltigen Bereich ideal. Um sie vor Mäusen zu schützen, pflanzt man sie am besten in unregelmäßigen Gruppen in kleine Drahtkörbe. Die holländischen und spanischen Zwiebeliris wollen auch sehr lockere, sandige Böden und viel Trockenheit. Da sie sehr billig sind und selten im nächsten Jahr wieder blühen, werden sie oft nach der Blüte ausgegraben und kompostiert. *Iris latifolia* (syn. *I. xiphioides*) verträgt dagegen mehr Feuchtigkeit, auch leichten Halbschatten, und wenn man Glück hat, blüht sie mehrere Jahre.

Pflanzen und Verpflanzung mit Teilung

Bartiris

Die beste Pflanzzeit für Bartiris ist von Ende Juli bis Anfang Oktober. Zum Versand kommen bestellte Iris auch aus dem Ausland ab August, da dann die jungen Wurzeln, die sie nach der Blüte bilden, so kräftig sind, daß sie den Transport gut überstehen. Sie werden aus dem Freiland (ohne Topfballen) und, um in der warmen Jahreszeit Fäulnis zu vermeiden, immer trocken verschickt. Eine Frühjahrspflanzung ist nicht günstig und geht immer auf Kosten der Blüte. Die Irisspezialbetriebe in den USA, Frankreich und England verschicken grundsätzlich nicht im Frühjahr. In den Staudengärtnereien ist das nicht zu umgehen, daher muß ein beschränktes Sortiment im Topf gehalten werden. Sobald die Blütenstiele schieben oder gar blühen, sind sie nicht mehr zu verpacken, und die Kunden, die sie blühend abholen und sehr flach pflanzen sollen, müssen entweder die Blütenstiele abschneiden oder die Pflanzen einzeln stäbeln, da sie sonst umkippen.

Im eigenen Garten kann man die Iris schon kurz nach der Blüte verpflanzen. In folgenden Fällen wird dies notwendig: wenn die Horste zu dicht sind und die Blüte nachläßt (je nach Sorte nach vier bis sechs Jahren); wenn sie verunkrautet sind und von Begleitpflanzen überwuchert werden; wenn man neue Farbkombinationen haben will. In letzterem Fall macht man sich während der Blüte Notizen. Wenn man die Sortennamen nicht mehr weiß, notiert man Farben und Höhen. Sorten, die ineinandergewachsen sind, kann man für kurze Zeit durch farbige Fäden abgrenzen.

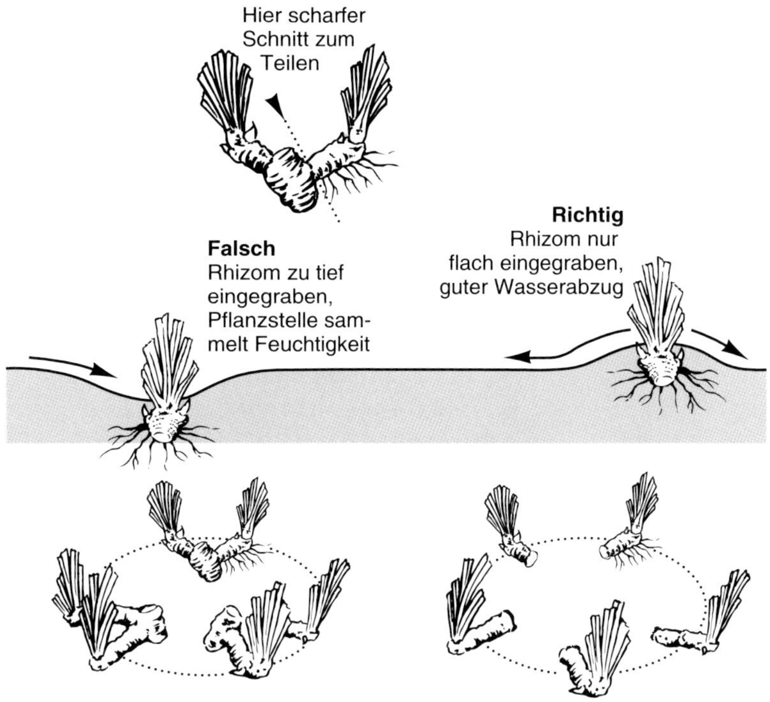

richtige Pflanzung von doppelten und einfachen Rhizomen

Die „Irisfladen“ werden mit einer Grabegabel herausgehoben, um möglichst wenig Rhizome zu verletzen und dann werden die äußeren Rhizome mit einem Blattfächer an der dünnsten Stelle einzeln oder doppelt mit einem scharfen Messer abgetrennt. Meist ergibt die Teilung so viele Pflanzen, daß man das innere Rhizomgewirr ohne Blätter kompostieren kann.

Je enger wir die Pflanzen gruppieren, desto schneller erhalten wir wieder blühende „Büsche“, aber wir müssen sie dann auch nach drei bis vier Jahren aufnehmen und neu pflanzen.

Wenn das neue Beet vorbereitet ist, werden die alten Wurzeln etwa handbreit eingekürzt, das Laub fächerförmig zurückgeschnitten und gleich gepflanzt. Müssen die Iris auf das alte Beet zurückgepflanzt werden, legt man die geteilten Pflanzen in den Schatten oder schlägt sie leicht in Erde ein. Beim Herrichten des Beetes müssen außer den Unkräutern auch alle kleinen Rhizomstücke ausgelesen werden, da wir sonst nach zwei Jahren eine ungewollte Mischung bekommen.

Bartiris werden ganz flach gepflanzt (siehe Zeichnung Seite 123), das Rhizom wird dabei dünn mit Erde bedeckt. Mit der Zeit kommt es an die Oberfläche, aber wir vermeiden durch das Zudecken, daß bei Kahlfrösten im ersten Winter das Rhizom platzt und sich Fäulnis bildet.

Nach der Pflanzung werden die Iris einmal, bei anhaltender Trockenheit auch zwei- bis dreimal kräftig angegossen. In heißen, trockenen Jahren empfiehlt es sich, die Begleitstauden erst ab Ende August bis Anfang September dazwischenzusetzen, da sie vor allem, wenn sie aus dem eigenen Garten kommen und keine Topfballen haben, empfindlicher sind. Je nach Witterung ist die Pflanzung aller Stauden zwischen Ende August und Anfang Oktober ideal, da sie noch gut einwurzeln können und so sicher überwintern. Beim Pflanzen der Nachbarstauden ist es sehr wichtig, darauf zu achten, daß der Abstand zu den Iris groß genug ist, sie dürfen auf keinen Fall überwuchert werden; die Rhizome wollen Sonne haben, und vor dem Winter kann man sie zum Schutz gegen Aufplatzen mit einer dünnen Schicht sandiger Erde abdecken.

Bartlose Iris

Die beste Pflanzzeit für *Iris sibirica* ist Mitte März bis Ende April und in nicht zu rauhen Gegenden Ende August bis Mitte Oktober. Die Horste sollen erst geteilt werden, wenn sie mit Blühen nachlassen bzw. von innen kahl werden. Die Art und die alten, kleinblumigen, aber sehr reichblühenden Sorten sind noch Wiesenpflanzen, dagegen wollen die neuen, großblumigeren Züchtungen einen offenen Boden und brauchen mehr Pflege. *Iris sibirica* können besser als die

Rhizomformen bei Iris

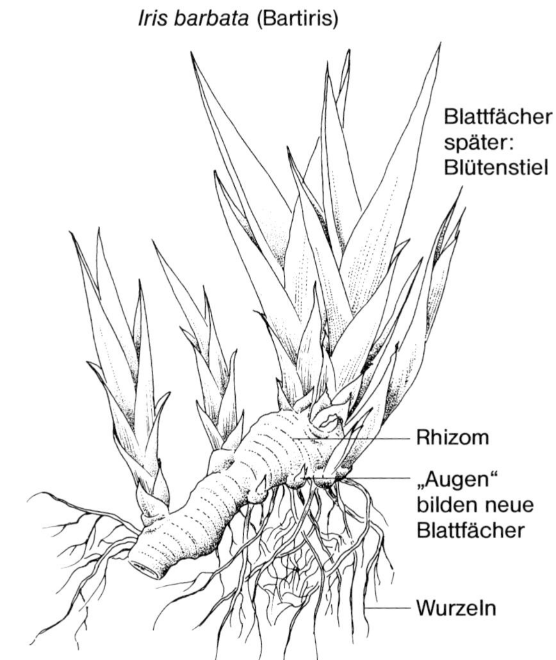

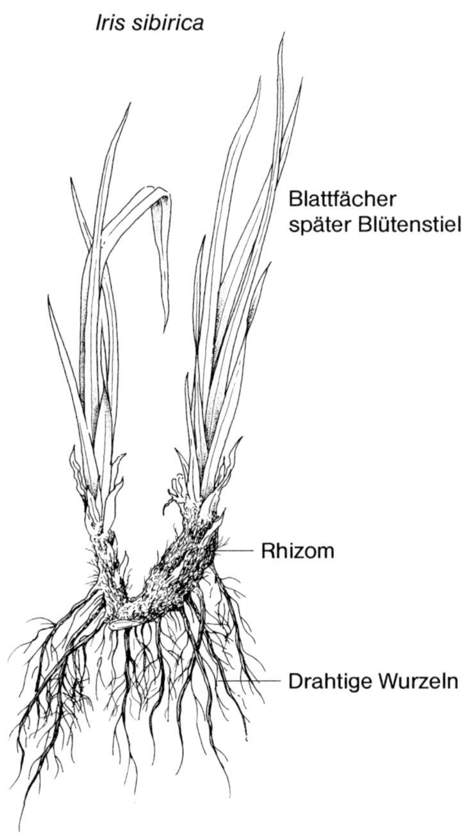

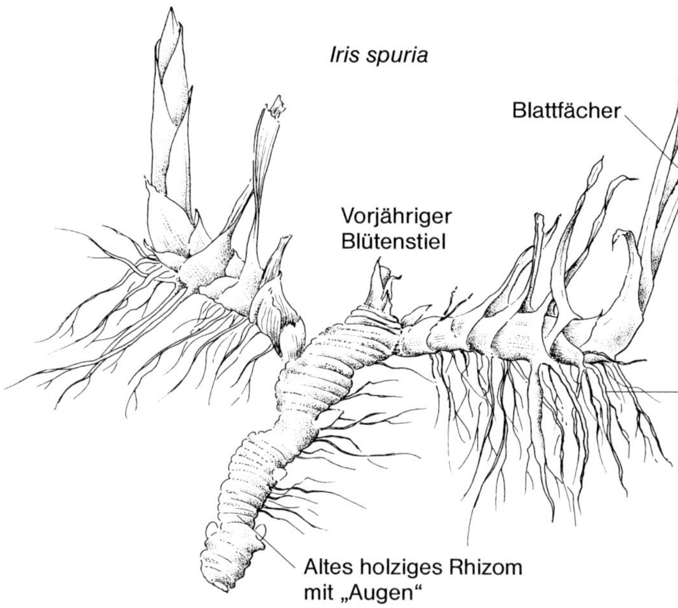

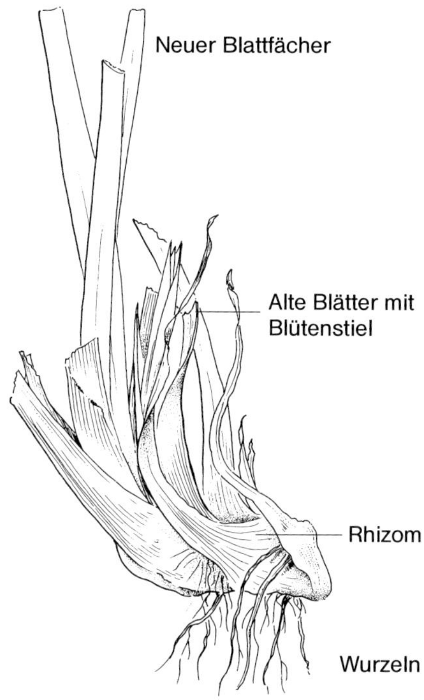

Rhizome von *Iris spuria* (links) und *Iris pseudacorus* (rechts).

Bartiris und *Iris spuria* in Töpfen kultiviert und mit Ballen dann die gesamte Vegetationszeit verpflanzt werden. Im Halbschatten oder gar Schatten blühen sie nur wenig. Zum Teilen alter Horste nimmt man am besten zwei Grabegabeln, mit denen man die Pflanzen auseinanderzieht, um nicht zu viele Triebe zu verletzen.

Iris der Spuria-Gruppe

Die beste Pflanzzeit für diese Gruppe ist der September, eventuell noch März bis April, man kann dann aber nicht mit einer Blüte im selben Jahr rechnen. Sowohl die hohen *Iris spuria* wie die *Iris orientalis* können kaum in Töpfen kultiviert werden, da sie sehr lange und holzige Rhizome haben, die im Gegensatz zu den Bartiris mindestens 5 cm unter die Erde gepflanzt werden sollen. Die deutsche Bezeichnung „Steppeniris“ deutet darauf hin, daß sie große und anhaltende Trockenheit vertragen, wenn sie angewachsen sind. Da sie langsamer wachsen als die Bartiris, braucht man sie nicht so oft zu teilen und verpflanzen. Geteilt werden sie im Prinzip wie die Bartiris: Mit einem sehr scharfen Messer werden die Rhizome abgetrennt. Auch hier werden die Wurzeln handbreit zurückgeschnitten und die Blätter eingekürzt. Die Wurzeln sind im Gegensatz zu der Bartiris sehr empfindlich gegen Austrocknen und dürfen auch nicht kurze Zeit an der Sonne liegen. Daher werden die Rhizome der *Iris spuria* immer feucht eingepackt verschickt. Nach der Pflanzung werden sie kräftig angegossen. Vor vielen Jahren habe ich einmal wertvolle Sorten, die leider gemischt waren, am Ende der Blütezeit – so daß ich die Farben noch erkennen konnte – ausgegraben, geteilt, tief gepflanzt und gut angegossen. Ich wartete vergeblich auf den Austrieb, es rührte sich gar nichts! Im Sommer danach wollte ich entmutigt die scheinbar leeren Beete anderweitig bestellen; da stellte sich heraus, daß die Iris alle noch lebendig waren und Wurzeln gebil-

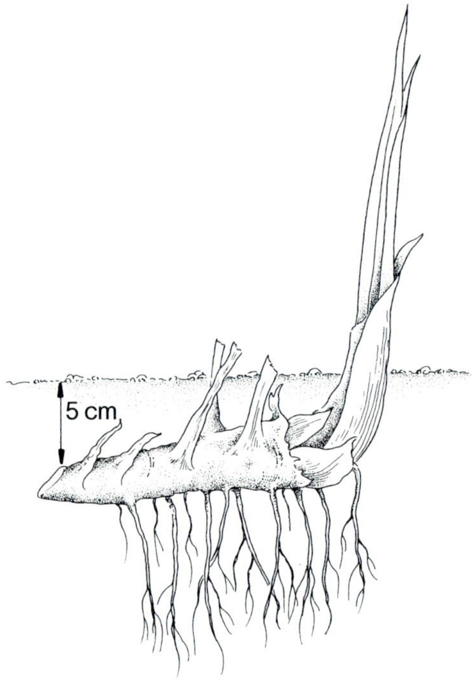

Pflanzung von *Iris spuria*. Im Gegensatz zu den *Iris barbata* werden die Rhizome der *Iris spuria* tiefer in die Erde gepflanzt.

det hatten. Nach zwei Jahren trieben sie wieder aus und blühten im Jahr darauf schön. Ein Denkzettel für die falsche Pflanzzeit!

Iris laevigata und Iris ensata
Diese Arten werden am besten im September/Oktober verpflanzt oder mit Topfballen auch im April/Mai. *Iris laevigata* können in die sumpfige Wasserrandzone kommen, die *Iris ensata* dagegen wollen nur während der Sommermonate naß bzw. feucht stehen, nicht von November bis April. In Gärten mit sehr alkalischen Böden und hartem Gießwasser kann man *Iris laevigata* und *Iris ensata* gut in 5- bis 10-l-Eimer mit Wasserabzugslöchern in Torf oder Rhodohum pflanzen und sie während der Sommermonate am Teichrand eingraben, so daß sie überflutet werden. Im Herbst nimmt man die Eimer mit den *Iris ensata* heraus und senkt sie entweder an einem trockenen Platz ein oder deckt sie an einer geschützten Stelle mit Laub ab.

Geteilt werden die Pflanzen am besten Anfang September, so daß sie noch gut neue Wurzeln bilden können. Die eingetopften Pflanzen müssen dann feucht gehalten werden, kommen aber erst im nächsten Jahr in den Teich. *Iris pseudacorus* und *Iris versicolor*, die beide auch Kalk tolerieren und zeitweise Trockenheit, werden im Frühherbst geteilt und verpflanzt.

Düngung und Pflege

Wir können allen Iris bei der Pflanzung eine Startdüngung mit einem organischen Dünger wie Hornoska oder Oscorna o. ä. geben, je m^2 etwa 30 bis 40 g. Im Frühjahr erhalten sie dann nach dem Austrieb eine leichte, am besten flüssige Volldüngung mit einem stickstoffarmen Dünger. Zuvor sollten die welken Blätter entfernt werden. Vorbeugend können sie dann mit einem Fungizid unter Zusatz eines Haftmittels gegen Blattflecken gespritzt werden. Da dieselben Wirkstoffe auch gegen Sternrußtau bei den Rosen eingesetzt werden, ist es einfacher, das immer zusammen zu machen, je nach Witterung und Pilzbefall im Abstand von etwa drei bis vier Wochen. Man nimmt Dithane Ultra, Saprol oder spezielle Rosenspritzmittel, am besten wechselt man ab. Wer gar keine chemischen Mittel verwendet, kann mit einer Alginurelösung (flüssiges Algenpräparat) die Resistenz der Blätter stärken. Natürlich werden die Spritzmittel nicht während der Blüte eingesetzt. Es muß gesagt werden, daß die Blattflecken das Wachstum und die Blüte der Iris nicht beeinträchtigen, aber sie sehen einfach häßlich aus.

Gegen Schneckenfraß gibt es hundert verschiedene Rezepte. Wenn man sie

'Debby Rairdon' gehört für mich zu den älteren Sorten, die ich nicht missen möchte.

nicht jeden Abend absammeln kann oder größere Vorräte von Bier investieren will (auf altes oder abgestandenes Bier fallen die Schnecken nicht herein), muß man leider zu Schneckenkorn greifen, aber sehr sparsam. Drei bis fünf Körner um eine Irispflanze genügen, und wir vergiften damit keine Igel.

Im April drohen immer noch Nachtfröste, und falls unsere Zwergiris schon Farbe zeigen oder blühen, stülpt man ihnen einfach Kartons über. Nach der Blüte werden die verwelkten Stiele herausgeschnitten, es sei denn, wir wollen Samen ernten. Bartiris setzen ohne Handbestäubung nur selten Samen an.

Bei den *Iris sibirica* und *Iris spuria* kann man einige Kapseln stehenlassen, da sie nicht nur bei Floristen für die Trockensträuße sehr begehrt sind.

Im Spätherbst werden bei allen Iris die braunen und abgestorbenen Blätter entfernt, um den Pilzbefall einzudämmen. Man kann dann um die Bartiris dünn Thomasmehl streuen. Zwischen den *Iris sibirica* kann man eine Mulchschicht mit Rindenhumus vermischt mit wenig Hornspänen ausbringen. Auch *Iris spuria* sind dankbar für eine Düngung mit Hornspänen oder gut verrottetem Kuhmist, da sie mehr als 10 Jahre unverpflanzt stehen bleiben können.

Krankheiten und Schädlinge

Die schlimmste Krankheit bei den Bartiris ist die bakterielle Naßfäule (im englischen Sprachraum mit „soft rot" bezeichnet). Die Hauptursache sind zu viel Nässe und durch Hacken oder Mäusefraß verletzte Rhizome, in denen sich das Bakterium festsetzt. Manchmal wird diese Krankheit auch durch den Import überdüngter Rhizome eingeschleppt und kommt hier erst in einem nassen Winter zum Ausbruch, dadurch daß die aufgeblähten Rhizome weich werden. Seit den letzten extrem trockenen Sommern ist die Krankheit hier kaum noch aufgetreten. Die faulen, matschigen Rhizome stinken erbärmlich. Man muß die ganze Pflanze ausgraben und zum Müll geben. Wenn es sich um wertvolle Sorten handelt, kann man das Rhizom sorgfältig ausschneiden, meist bleibt ein kleiner fester, weißfleischiger Rest mit ein bis zwei Augen. Dieses Stück läßt man einige Tage trocken liegen, dann werden die Schnittstellen mit Holzkohle eingepudert, oder, wenn man mehrere „Patienten" hat, alle in eine Kaliumpermanganat- oder Chinosollösung getaucht. Die Stücke werden dann in sehr sandige Erde eingetopft und ziemlich trocken gehalten, und zu unserem Erstaunen treiben die Augen nach drei bis vier Wochen aus, und wir können das Pflänzchen im kommenden Frühjahr wieder ins Beet setzen. Natürlich muß die Erde um die verfaulte Pflanze gut entfernt und durch neue, sandige Erde ersetzt werden. Spaten und Messer müssen desinfiziert werden.

Die Trockenfäule (engl. scorch) tritt sehr selten auf. Die Rhizome sind eingeschrumpft und wie Korken, die Wurzeln abgestorben. Die Behandlung ist dieselbe wie bei der Naßfäule.

Die bei den Pflegemaßnahmen erwähnte Blattfleckenkrankheit *(Heterosporium gracile)*, gegen die man am besten vorbeugend spritzt, tritt je nach Sorte und Jahr ganz unterschiedlich auf. Wenn die Blätter erst voller Flecken sind, nützt Spritzen nichts mehr, man kann sie dann nur abschneiden und, wenn man den Neuaustrieb vorbeugend spritzt, die umgebende Erde mitbehandeln.

Blattläuse, die an sich nicht schlimm sind, aber Viruskrankheiten übertragen, bekämpft man mit Spruzit.

Die Viruskrankheiten, bei Iris zum Glück sehr selten, erkennt man an verkrüppelten und gekrausten Blüten und an grau-weißen Flecken auf den Blättern. Die Pflanzen müssen ausgegraben und vernichtet werden, es gibt keine Mittel dagegen.

Bei den Spuria-Iris können einzelne Pflanzen plötzlich braun werden und absterben. Das einzige Mittel, das man früher vorbeugend anwenden konnte, ist sehr giftig und nicht mehr zugelassen. Aber glücklicherweise ist diese Krankheit selten.

Vermehrung der Iris

Vermehrung durch Aussaat

Wir haben in unseren Gärten nur wenig reine Iris-Arten, die wir ohne weiteres aus selbstgeernteten Samen vermehren können, wenn wir größere Mengen brauchen, wie z.B. *Iris pseudacorus*, *Iris graminea*. Bei anderen, wie bei *Iris pallida*, die zusammen mit den hohen Bartiris blühen, ist es wahrscheinlich, daß sie sich untereinander kreuzen, ebenso wie *Iris orientalis* (syn. *I. ochroleuca*) mit *Iris-spuria*-Sorten, die jeweils gleichzeitig blühen.

Bei allen Barbata-, Sibirica- und Spuria-Sorten bekommen wir Mischungen, wenn wir sie aus Samen ziehen; um dieselbe Sorte zu erhalten, müssen sie unbedingt vegetativ vermehrt werden. Ohne züchterische Erfahrung und Ambitionen, nur aus Spaß und Neugier am Experiment, kann man natürlich kreuzen und sich wundern, welch unvermutete Ergebnisse dabei herauskommen.

Als Lehrling (vor 50 Jahren) wollte ich enzianblaue Iris züchten. Ich suchte also möglichst blaue Sorten aus, mit ordentlicher Verzweigung und mehr als drei Knospen am Stiel. Vorschriftsmäßig habe ich morgens, nachdem die Blüte der Mutterpflanze sich öffnete, die drei Hängeblätter abgebrochen, um zu verhindern, daß die Holzbiene darauf landet und die Narbe bestäubt. Dann habe ich bei trockenem Wetter Staubgefäße der Vaterpflanze mit der Pinzette geholt und vorsichtig etwas Pollen auf die drei Narben der Mutter aufgetragen (wenn man mit dem Pinsel arbeitet, ist der Nachteil, daß etwas Pollen von der vorhergehenden Kreuzung noch am Pinsel haftet).

Anschließend wird die bestäubte Blüte sichtbar etikettiert, man kann auch Nummern oder Buchstaben benützen, die man in ein Buch einträgt. Nun wartet man natürlich ungeduldig, ob eine Befruchtung erfolgt ist; wenn ja, so hat die Samenkapsel nach vier bis fünf Wochen die Form und Größe einer Essiggurke, die zunächst grasgrün ist und mit der Reife sich bräunlich verfärbt. Wenn die drei Segmente anfangen, sich von oben zu öffnen, muß man sie abnehmen, damit der Samen nicht ausfällt. Man legt die Samenkapsel auf Papier, bis sie trokken ist und man die hellbraunen, etwa 10 bis 15 verheißungsvollen Körner entnehmen kann. Wenn man sie nicht gleich aussät, bewahrt man sie am besten in Papiertüten auf. Sie müssen trocken sein, damit sie nicht schimmeln, daher keine Plastiktüten oder Döschen verwenden. Aussäen kann man von der Ernte an bis ins kommende Frühjahr. Als Aussaaterde nimmt man gedämpfte Erde, die mit etwas scharfem Sand vermischt wird; die Aussaatgefäße, Töpfe oder Schalen, werden mit Chinosollösung desinfiziert. Die Samenkörner werden im Abstand von etwa 4 bis 5 cm verteilt und 1 cm dick mit Erde abgedeckt. Jedes Gefäß wird gut etikettiert und feucht gehalten, aber nicht naß. Sät man nach der Ernte aus, so keimen die Bartiris schon im Herbst, und wir müssen die zarten Sämlinge an einem hellen Platz frostfrei über den Winter bringen. Im Frühjahr können dann die jungen Pflanzen pikiert oder besser noch in 8-cm-Töpfe eingetopft werden. Dabei werden die Bartiris trockener gehalten, während die Erde für die *Iris sibirica* und *Iris spuria* durch Beimischung von Torf oder Rindenhumus feuchter sein kann. Bei Topfkultur kann man durch Einsenken in scharfen Sand dem Schneckenfraß besser vorbeugen, und man kann dann später unabhängig von der Jahreszeit im Garten auspflanzen.

Wollen wir die Sämlinge von eigenen Bartiriskreuzungen sichten, so sollten sie in Reihen im Abstand von etwa 30 cm gepflanzt werden. Die meisten werden dann im Mai des folgenden Jahres blühen. Auch wenn wir schon wissen, daß Blau × Blau nicht Blau ergibt, sondern eine kuriose Mischung, sollten wir uns nicht scheuen, alles, was nicht wirklich besser als Vorhandenes ist (schlecht verzweigt, schwache Stiele), noch während der Blüte auf den Kompost zu geben. Für uns interessante Iris kann man dann sehr gut entweder mit einem Elternteil oder die Geschwister untereinander kreuzen.

Bei meinen Sämlingen damals waren einige blaue, besonders in der zweiten Generation, aber sie waren nicht wirklich besser als andere blaue Sorten, und wenn das Blau mir gefiel, hatten sie andere Mängel. Mir fehlten auch die Kenntnisse der Ahnenreihe meiner Kreuzungspartner, kurzum, es hätte sicher noch viele Jahre Geduld, Zeit und Platz für 1000 Sämlinge dazu gehört, um Enzianblau zu erreichen.

Ich will aber hier niemanden entmutigen auszusäen. Wenn ich z.B. eine große Wiese an einem Teich oder Bach habe, wo ich mir viele *Iris sibirica* zwischen den anderen Stauden wünsche, kann ich durchaus aussäen, man nimmt dann am besten die Samenkapseln der einfachen alten Sorten. Auch hier kultiviert man die Iris in Töpfen vor und kann sie dann etwa ein Jahr nach der Samenernte auspflanzen, am besten zusammen mit den anderen Stauden, oder man muß vorher genügend Platz für die *Iris sibirica* freilassen. Im folgenden Jahr hat man dann die ersten Blüten in vielen Schattierungen von Blau und Weiß. Im zweiten Jahr kann man dann ein paar besonders reichblühende Typen heraussuchen und diese dann eventuell durch Teilung vermehren und dadurch weniger gute ersetzen. Hat man keinen eigenen Samen, so bekommt man ihn leicht im Samenhandel, über die Tauschaktionen von Pflanzengesellschaften – z.B. bei der Gesellschaft der Staudenfreunde – oder von anderen Gartenfreunden. Jedenfalls macht es viel Spaß, man kann auch gut Kinder dafür begeistern, und keine teure Neuzüchtung, die wir erstanden haben, erfüllt uns mit so viel Stolz, wie zu sagen: „Alles selbst ausgesät!“

Vermehrung durch Teilung

Im eigenen Garten verfährt man so, wie im Kapitel „Pflanzen und Verpflanzung mit Teilung“ beschrieben. Aber um besonders kostbare Sorten oder solche, die nicht mehr im Handel sind, zu vermehren und schneller eine größere Menge zu bekommen, kann man folgendermaßen vorgehen: Ende Juli nimmt man die (mindestens zweijährige) Pflanze vorsichtig aus der Erde, bei Lehmboden wäscht man das Rhizom, um die Augen zu sehen. Man kann ein kräftiges Rhizom mit Blattfächer, das noch nicht geblüht hat, abtrennen und zurückpflanzen. Dann schneidet man die restlichen Rhizome in

Stücke mit je ein bis zwei Augen und kürzt die Wurzeln ein. Die Schnittflächen läßt man antrocknen und taucht sie in Holzkohle. Jedes Teilstück kommt in einen kleinen Topf mit durchlässiger Erde, die man nur mäßig feucht hält. Nach zwei bis drei Wochen kann man beobachten, wie die Augen austreiben; im kommenden Frühjahr sind die Töpfe durchwurzelt, und die Pflanzen können im Garten ausgepflanzt werden, sie blühen im kommenden Mai, also etwa 22 Monate nach der Teilung.

Natürlich ist auch bei Iris die Vermehrung in vitro möglich, in einem sterilen Labor in einer Nährlösung im Reagenzglas. Richard Cayeux beschreibt das sehr interessant in seinem Buch; er kommt zu dem Schluß, daß dieses Verfahren für Iris, die sich relativ gut vermehren lassen, sehr kostspielig ist – wörtlich sagt er: „Wem nützt es, wenn mehrere Hunderttausend Rhizome einer neuen Iris-Sorte dazu verdammt sind, auf den Feldern des Produzenten stehenzubleiben?“ Da jährlich mehr als 800 neue Iriszüchtungen registriert werden, kann man das nur unterschreiben. Sein Interesse gilt vor allem der Möglichkeit, durch In-vitro-Kultur die Virusinfektion auszuschalten.

Irisgesellschaften und Irisbewertungen

Viele Länder haben eigene Irisgesellschaften und eigene Irisbewertungen. In Deutschland gibt es in der Gesellschaft der Staudenfreunde eine sehr aktive Fachgruppe Iris. Die Bewertungen finden jährlich während der Blüte im Palmengarten Frankfurt statt.

Bei der ersten Bewertung durch die Preisrichter erhalten die drei besten (meist deutschen) Züchtungen eine Bronze-, eine Silber- und eine Goldmedaille, gestiftet vom Palmengarten. Beim zweiten Durchgang erhält die bestbewertete Sorte den Zeppelinpokal von Frau von Stein-Zeppelin. Im zweiten Jahr der Bewertung erhält die beste Züchtung die Karl-Foerster-Medaille.

In den USA, dem größten Irisland, hat jeder Staat seine eigene Irisgesellschaft und Sichtung, die natürlich klimatisch bedingt vier bis sechs Wochen auseinanderliegen. Die Dachorganisation, die American Iris Society, veranstaltet jährlich an wechselnden Orten eine große Convention, an der international zwischen 500 und 1 200 Mitglieder teilnehmen. Jeder Garten bzw. jede Gärtnerei, die hier innerhalb von vier Tagen besichtigt wird, zeigt außer dem eigenen Sortiment viele Gastiris, die teilweise auch aus dem europäischen Ausland zwei bis drei Jahre vorher eingeschickt werden. Die Etikettierung mit Züchter und Jahr ist hervorragend, so daß man wirklich einen Überblick bekommt. Die Iris, die von den Teilnehmern die meisten Stimmen erhält, wird mit dem President's Cup ausgezeichnet. Die Dykes Medal dagegen erhält die Bartiris-Sorte, die die meisten Stimmen von allen Staaten der USA bekommt, daher ist diese Auszeichnung auch für uns aussagefähig.

◁ Hier sieht man die Jury in Florenz bei der Bewertung der internationalen Einsendungen.

In England wird die Englische Dykes Medal vergeben, eine weitere in Australien. Früher gab es sie auch in Frankreich, und Ferdinand Cayeux (1864–1948) erhielt sie zehn Mal von 1929 bis 1939 für seine Züchtungen.

Dank der Iris als Wappenblume von Florenz, findet hier seit 1956 jährlich der Concorso Internazionale Dell'Iris statt. Im Mai lohnt es sich, den Irisgarten an der Piazzale Michelangelo zwischen Olivenbäumen und Kletterrosen mit einem herrlichen Blick über die Stadt zu besuchen. Jeder Züchter der Welt kann hier drei Jahre vor der Bewertung seine Züchtungen einsenden, die mit Nummern aufgepflanzt werden. Die Jury setzt sich aus internationalen Preisrichtern zusammen, die für eine Woche von der Italienischen Irisgesellschaft eingeladen werden und außer der täglichen Bewertung am Irishang Gärten und Parks besuchen und abends an festlichen Empfängen teilnehmen dürfen. Der Höhepunkt ist am letzten Tag die Verleihung des Premio Firenze und anderer Auszeichnungen im Palazzo Vecchio, eine beeindruckende festliche Zeremonie.

Der italienische Präsident Professor Sergio Orsi hat in Oregon 1994 angeregt, eine europäische Irisgesellschaft zu gründen. Es sind sicherlich noch einige Schwierigkeiten zu überwinden, insbesondere wegen der Sprachprobleme. Es gibt auch Bestrebungen, angeregt durch den russischen Präsidenten Sergej Loktev, eine weltweite internationale Irisgesellschaft zu gründen, aber das wird wohl noch einige Zeit dauern.

An dieser Stelle sei allen Irisfreunden empfohlen, Mitglied der Gesellschaft der Staudenfreunde zu werden, speziell in der Fachgruppe Iris. Der Fachgruppenleiter ist Herr von Heydwolff. Die Anmeldung ist bei Herrn Erhard Wörfel, Meisenweg 1, 65795 Hattersheim möglich. Als Mitglied erhalten Sie viermal jährlich das Heft „Der Staudengarten“ mit interessanten Beiträgen und Hinweisen.

Irisbewertung

In den letzten Jahren sah das Bewertungsschema mit einigen kleinen nationalen Unterschieden wie folgt aus:

Entwicklung und Wachstum der Pflanze	15 Punkte
Krankheitsresistenz	10 Punkte
Reichblütigkeit	15 Punkte
Stiel (Festigkeit und Verzweigung)	15 Punkte
Farbe der Blüte	10 Punkte
Eigenart und Ausgewogenheit	10 Punkte
Duft	5 Punkte
(höchste zu erreichende Punktzahl)	100 Punkte

Da zur Zeit in allen Ländern an verbesserten Kriterien gearbeitet wird und diese dann aufeinander abgestimmt werden sollen, wird es wahrscheinlich ab 1998 eine verfeinerte Bewertung geben.

Irisgärten

In vielen deutschen Städten, vor allem da, wo einmal Bundesgartenschauen oder Internationale Gartenschauen waren, und in berühmten Parks wie Planten un Blomen in Hamburg oder dem Palmengarten in Frankfurt, findet man Irispflanzungen. Im Palmengarten findet auch heute noch die Sichtung der deutschen Einsendungen an Irisneuzüchtungen statt. Aber leider sind auch diese Gärten nicht von der allgemeinen Sparwelle verschont geblieben, und so sind diese Pflanzungen in ihrer Pflege und Etikettierung oft enttäuschend. Ein Teil der Pflege haben Mitglieder der Gesellschaft der Staudenfreunde ehrenamtlich übernommen.

Die Etikettierung in öffentlichen Anlagen ist oft ein Problem. Schon während der Gartenschauen erlebt man, daß Etiketten von „interessierten" Besuchern herausgezogen werden und irgendwo anders wieder hineingesteckt. Dazu kommt, daß meist erst sieben bis acht Monate vor Beginn der Gartenschau gepflanzt werden kann (mit seltenen erfreulichen Ausnahmen wie in Stuttgart und München). Damit in dieser kurzen Zeit der Eindruck einer Pflanzung entsteht, ist man gezwungen, zu dicht zu pflanzen; das hat zur Folge, daß die Pflanzen nach zwei bis drei Jahren aufgenommen und neu gepflanzt werden müßten. Aber welche Kommune hat Zeit, Geld und die Fachkräfte, um das zu tun?

Aber auch in weniger gepflegten Pflanzungen kann man die Wuchsfreudigkeit, die Farben und Reichblütigkeit der verschiedenen Sorten vergleichen. Die Blütezeit verschiebt sich vom Süden nach dem Norden Deutschlands um zwei bis drei Wochen. Da sie auch jährlich je nach dem Verlauf des Frühjahrs verschieden ist, erkundigt man sich am besten etwa 14 Tage vor dem geplanten Besuch nach dem geeignetesten Termin.

Die folgenden Parks sind auf jeden Fall einen Besuch wert, nicht nur wegen der Iris: Cottbus – Bundesgartenschaugelände, Dortmund – Westfalenpark, Düsseldorf – Bundesgartenschaugelände, Essen – Grugapark, Hamburg – Planten un Blomen, Frankfurt – Palmengarten, München – Westpark, Stuttgart-Killesberg.

In der **Schweiz** ist der Botanische Garten in Basel-Brüglingen sehr empfehlenswert. Weiterhin interessant sind der Rosengarten in Bern und der Schloßgarten Château de Vuillerens am Genfer See in herrlicher Lage und mit einem großen Sortiment.

In **Frankreich** zu empfehlen sind: Le Jardin de Claude Monet (Giverny), Le Parc de la Tête (Lyon), Le Parc de la Beausoire (Nantes), Le Parc de Bagatelle (Paris) und der Garten von Vincennes bei Paris. In Orléans findet jährlich eine Irisbewertung statt.

Für Iris sind in **England** Wisley Garden und Kew Garden interessant. Interes-

sante Privatgärten von Züchtern sind bei Mr. C. Bartlett, The Old Mill House, Shurton, Stogursey Bridgewater, Somerset TA5 1QG. zu erfragen.

In **Schottland** hat der Botanische Garten Edinburgh eine interessante Sammlung speziell von bartlosen Iris.

In **Florenz** findet auf dem Piazzale Michelangelo regelmäßig der Concorso Internazionale dell' Iris statt.

In **Tschechien** ist in Pruhonice bei Prag ein großes Sortiment nach Züchtungsjahren aufgepflanzt.

'Sun King' - diese gutverzweigte herrliche Sorte wird golden durchleuchtet.

Bezugsquellen

Iris können Sie in jeder Staudengärtnerei bekommen. Schwieriger wird es allerdings, wenn Sie auf der Suche nach bestimmten Sorten sind, seien es nun historische Iris oder Neuheiten. Auch die Suche nach botanischen Raritäten kann schwierig sein. Allein von den Bartiris gibt es Tausende von Sorten, die kein Staudengärtner alle kultivieren kann. Oft taucht auch das Problem der Sortenechtheit auf, speziell bei alten Sorten.

Bei der Suche nach bestimmten Sorten oder Arten hilft Ihnen der „Pflanzeneinkaufsführer für Europa“ (W. Erhard, PPP-Index mit CD-ROM, Verlag Eugen Ulmer, Stuttgart 1995), der immer wieder aktualisiert wird. Ein weiteres hilfreiches Buch, das allerdings nur Lieferanten in Großbritannien erfaßt, ist der Plant Finder (C. Philip, The Plant Finder, Moorland Publishing, Ashbourne, England), der jährlich neu erscheint.

Der direkteste Weg ist, sich Kataloge und Sortenlisten von auf Iris spezialisierten Gärtnereien kommen zu lassen. Unterstützung finden Sie sicherlich auch bei der Fachgruppe Iris in der Gesellschaft der Staudenfreunde. Wichtige Spezialbetriebe und Züchter sind im folgenden aufgeführt.

Deutschland

Manfred Beer, Bielastraße 27, D-04430 Böhlitz-Ehrenberg (speziell Bartiris)

Lothar Denkewitz, Wildes Moor 204, D-22417 Hamburg (Zwergiris)

Albert Hoch, Potsdamer Straße 40, D-14163 Berlin (Importeur verschiedener Iris)

Uwe Knöpnadel, Friesland Stauden, Husumer Weg 16, D-26441 Jever-Rahrdum (viele bartlose Iris)

Kranich, Inh. Anette Suckert, Straße der Jugend 23, D-02707 Oybin (hohe Bartiris)

Harald Moos, Milanstraße 79, D-30627 Hannover (Züchter, Sortenliste über Schöppinger Irisgarten)

Gudrun Müller, Hochheimer Staudengarten, Nordenstädter Straße 90, D-65239 Hochheim/Main (verschiedene Iris)

Walter Schmid, Straubenmühle, D-73460 Hüttlingen (Zwiebeliris)

Schöppinger Irisgarten, Werner Reinermann, Bürgerweg 8, D-48624 Schöppingen (speziell Neuzüchtungen)

Eberhard Schuster, D-19089 Augustenhof (bartlose Iris)

Dr. Tomas Tamberg, Zimmerstraße 3, D-12207 Berlin (Züchter bartloser Iris, überwiegend *Iris sibirica*; auch über Schöppinger Irisgarten zu beziehen)

Gräfin v. Zeppelin, Inh. Aglaja v. Rumohr, D-79295 Sulzburg-Laufen (Bartiris, *Iris sibirica, Iris spuria*; Import von Neuheiten, auch für Kunden, der Firmen Aitken, Abbey Gardens, Cooley und Schreiner aus den USA)

Schweiz

Château de Vuillerens, Inh. M. Bovet, CH-1111 Vuillerens/Genfer See (Bartiris)

Österreich

Feldweber, A-4974 Ort im Innkreis 139

Gerhild Mattuschka, Emmersdorfer Straße 86, A-9061 Wölfnitz bei Klagenfurt (viele alte Bartiris-Sorten)

Frankreich

Michel Bourdillon, GAEC de Champagne, F-41230 Soings en Sologne (Bartiris und *Iris sibirica*)

Cayeux S. A., La Carcandière, F-45500 Poilly Lez Gien (Bartiris und *Iris sibirica*)

Iris de Thau, Route de Villeveyrac, F-34140 Mèze (Bartiris, *Iris spuria*)

Iris en Provence, B.P. 53, F-83402 Hyères Cedex (Bartiris, Ariliris, Louisiana-Iris und *Iris spuria*)

Belgien

Gilbert Verswijver, Hoogeweg 111, B-2940 Hoevenen (Pflanzensammler; Bartiris, *Iris ensata, Iris sibirica*)

Großbritannien

Jacques Amand Ltd., Clamp Hill, Stanmore, Middlesex, HA 7 3 IS, Großbritannien (Zwiebeliris)

Jack Grint, Roan Cottage, Duke's Kiln Drive, Gerrard's Cross, Bucks., SL 9 7 HD, Großbritannien (Bartiris)

V.H. Humphrey, Westlee's Farm, Logmore Lane, Westcott, Dorking Surrey, RH 4 3 IN, Großbritannien (Bartiris, *Iris spuria, Iris sibirica,* Pacific Coast Iris, *Iris ensata*)

Kelways Ltd., Barrymore Farm, Langport, Somerset, TA 10 9 EZ, Großbritannien (Bartiris, *Iris sibirica*)

Zephyrwude Irises, Richard L. Brook, 48 Blacker Lane, Crigglestone Wakefield, West Yorkshire, WF 4 3 EW, Großbritannien (Bartiris)

USA

Hier gibt es eine riesige Zahl von Irisspezialbetrieben. Viele Neuheiten berühmter Züchter, auch aus Australien, führen:

Abbey Gardens, Dave and Nancy Silverberg, 32009 S. Ona Way, Molalla, Oregon 97038, USA (Bartiris, *Iris sibirica, Iris spuria, Iris louisiana* und *Iris ensata*)

Aitken's Salmon Creek Garden, 608 NW 119 St., Vancouver WA 98685, USA (Bartiris, speziell BB, MTB)

Cape Iris Gardens, Dave Niswonger, 822 Rodney Vista Blvd., Cape Girardeau, MO 63701, USA (Bartiris, speziell IB, BB, SDB und *Iris spuria*)

Chehalem Gardens, Tom and Ellen Abrego, P.O. Box 693, Newberg, Oregon 97132, USA (*Iris sibirica* und *Iris spuria*)

Cooley's Gardens, 11553 Silverton Rd. N.E., P.O. Box 126, Silverton, Oregon 97381, USA (Bartiris)

Keith Keppel, P.O. Box 18154, Salem, Oregon 97305, USA (Bartiris, speziell Media-Iris)

Schreiner's Iris Gardens, 3629 Quinaby Road, Salem, Oregon 97303, USA (Bartiris)

Literaturverzeichnis

American Iris Society: vierteljährlich erscheinende Bulletins der Gesellschaft und deren Sektionen Median Iris Society, Society for Siberian Iris, Spuria Iris Society, Dwarf Iris Society.

Bazin, G.: Das Blumenbouquet. Kindler, München 1960.

Beuchert, M.: Symbolik der Pflanzen. Insel-Verlag, Frankfurt 1995.

Borchardt, R.: Der leidenschaftliche Gärtner. Klett Verlag, Stuttgart 1968.

Cayeux, R.: Iris une fleur royale. Mauriflor, Malesherbes, France 1996.

Dykes, W. R.: The Genus Iris. Reprint von 1913, Dover Publications, New York 1974.

Foerster, E.: Ein Garten der Erinnerung. Union Verlag, Berlin 1982.

Gesellschaft der Staudenfreunde: Staudengarten. Vierteljährlich erscheinende Zeitschrift der Gesellschaft der Staudenfreunde, Hattersheim bei Frankfurt.

von der Heide-Nollen: Eine kleine Blume muß man haben. DuMont, Köln 1979.

Jahrbücher der British Iris Society.

Jahrbücher und Veröffentlichungen der Deutschen Iris- und Liliengesellschaft, Leonberg bei Stuttgart.

Jahrbücher der Societa Italiana dell'Iris, Florenz.

Köhlein, F.: Iris. Verlag Eugen Ulmer, Stuttgart 1981.

van Nes, H.: Iris im Garten. Bayrischer Landwirtschaftsverlag, München 1967.

Randolph, L. F.: Garden Irises. American Iris Society, St. Louis, Missouri 1959.

Schnack, F.: Traum vom Paradies. Rütten und Loening, München 1967.

Schnack F.: Rosen und Vergissmeinnicht. Schuler Verlagsgesellschaft, Stuttgart 1967.

Schulze, W.: Wildiris für den Garten. Universitätsbibliothek Jena 1988.

Warburton, B.: The World of Iris. American Iris Society, Wichita, Kansas 1978.

Werckmeister, P.: Catalogus Iridis. Jahrbuch der deutschen Irisgesellschaft, Leonberg 1967.

Westrich, J. und Hager, B.: The Iris, the Rainbow Flower. Thames & Hudson, London 1989.

Register

Seitenzahlen mit Sternchen* verweisen auf Abbildungen.

Folgende Abkürzungen werden im Register verwendet:
BB: Border Bearded Iris (Table Iris)
BE: Iris-Barbata-Elatior (Hohe Bartiris)
BN: Iris-Barbata-Nana (Zwergiris)
ens.: *Iris ensata* (Japanische Iris)
IB: Intermedia-Iris
laev.: *Iris laevigata*
ps.: *Iris pseudacorus*
SDB: Standard Dwarf Bearded (kleinblumige hohe Iris)
sib.: *Iris sibirica*
spur.: *Iris spuria*
Z: Zwiebeliris

Bildquellen

M. Blazek, CZ-Prag: Abb. Seite 48 links, 49 unten, 132.
M. Breckwoldt, Hamburg: Abb. Seite 102.
L. Denkewitz, Hamburg: Abb. Seite 56 oben links, 85 unten, 87 oben links und rechts.
W. Erhardt, Neudrossenfeld: Abb. Seite 54, 56 unten links.
E. Fischer, Weisenheim/Berg: Titelbilder (2), Abb. Seite 2, 6, 16, 40, 48 rechts, 69, 71 oben, 73 Mitte links, 94, 103, 105, 120, 127, 136.
W. Kircher, Bernburg: Abb. Seite 9.
F. Köhlein, Bindlach: Abb. Seite 25, 27, 29, 36 rechts, 60, 79 unten links, 82, 113.
F. Kummert, A-Rollsdorf: Abb. Seite 10, 34 oben, 43.
I. Lehmann, Kippenheim: Abb. Seite 73 oben links, 74 links.
E. Morell, Dreieich: Umschlag Rückseite, Abb. Seite 32, 89, 91, 110.
M. Noeske, Sulzburg-Laufen: Abb. Seite 56 unten rechts, 58 unten links, 74 rechts.
I. Preussler, Sulzburg-Laufen: Abb. Seite 53, 56 oben rechts, 63 links und rechts, 64, 65, 71 rechts, 73 unten, 79 oben links und rechts, 80 links und rechts.
W. Redeleit, Bienenbüttel: Abb. Seite 58 oben.
H. Reinhard, Heiligkreuzsteinach: Abb. Seite 13, 15, 19 (2), 20, 23, 24, 28, 67, 68, 88, 96, 97.
E. Schuster, Augustenhof: Abb. Seite 31, 33 unten, 34 unten, 36 links, 111.
S. Seidl, Altdorf: Abb. Seite 4, 12, 33 oben, 35 unten, 38, 39, 47 unten, 48 unten, 49 oben, 51, 84, 85 oben, 87 unten, 92 oben und unten, 104, 106.
D. Smit, NL-Haarlem: Abb. Seite 7, 35 oben, 37, 71 unten, 73 rechts, 118.
Staudengärtnerei Gräfin von Zeppelin, Sulzburg-Laufen: Abb. Seite 42, 47 oben rechts und links, 55, 58 unten rechts, 77 oben und unten, 90.
Studio R. Leßmann, Hannover: Abb. Seite 117 (aus: Ingeborg Wundermann, Der Hobby-Florist. Verlag Eugen Ulmer, Stuttgart 1993, 2. Auflage).

Die Zeichnungen und Gartenpläne erstellte Helmuth Flubacher, Waiblingen, nach Vorlagen der Autorin.

Die Deutsche Bibliothek – CIP-Einheitsaufnahme

Iris : die besten Arten und Sorten für den Garten / Susanne Weber. – Stuttgart : Ulmer, 1997
ISBN 3-8001-6615-1
NE: Weber, Susanne

Wollgrasweg 41, 70 599 Stuttgart (Hohenheim)
Printed in Italy
Lektorat: Gerhard Bley
Herstellung: Jürgen Sprenzel
Satz: Typomedia Satztechnik GmbH, Scharnhausen
Druck und Bindung: G. Canale & C.S.p.A., Turin (Italien)

Engelstrompeten zählen zu den bekanntesten Kübelpflanzen und nehmen an Beliebtheit stetig zu. Ihre Blütenglocken sind dekorativ, die Pflanzen sind einfach zu pflegen und zu vermehren. Bedingung dazu ist ausreichender Platz auf der Terrasse oder im Garten und ein Raum für die Überwinterung. Die Möglichkeiten zu Neuzüchtungen machen diese Pflanzen zusätzlich interessant. Seit Erscheinen der 1. Auflage dieses Buches sind zahlreiche neue Sorten entstanden und neue Erkenntnisse aus der Kulturpraxis gesammelt worden, die eine Überarbeitung des Buches notwendig machten. Zusätzlich wurde nun auch die krautig wachsende Gattung Datura (Stechapfel) in das Buch aufgenommen. Das Buch, mit zahlreichen neuen Bildern ausgestattet, ist eine Bereicherung für alle Kübelpflanzenfreunde.

Aus dem Inhalt: Gestalt und Aufbau. Wie bestimmt man Engelstrompeten? Die Wildarten. Die Hybriden. Die Engelstrompete als Kübelpflanze. Züchtung. Natürliche Veränderungen an Engelstrompeten. Krankheiten und Schädlinge.

Zu den Autoren: Ulrike und Dr. Hans-Georg Preißel haben Gartenbau studiert. H.-G. Preißel ist Leiter der Herrenhäuser Gärten in Hannover und betreut dort unter anderem eine umfangreiche Brugmansiensammlung.

ENGELSTROMPETEN. *Brugmansia und Datura. U. und H.-G. Preißel. 2., völlig neu gestaltete und erweiterte Auflage 1997. 141 Seiten, 81 Farbfotos, 35 Zeichnungen. Pp. ISBN 3-8001-6614-3*

Der Aufstieg der Freilandgeranien begann vor etwa 15 Jahren. Mit dem Wandel der gestalterischen Leitbilder zu natürlicheren Ausdrucksformen, mit der zunehmenden Verwendung von Stauden in Gärten und Parks erlangten die Freilandgeranien eine Wertschätzung, die immer noch weiterwächst. Ihre einfachen, unaufdringlichen Farben, ihre lockeren Wuchsformen und die Vielseitigkeit ihrer Einsatzmöglichkeiten machen sie zu den idealen Gartenpflanzen. Züchter haben wertvolle neue Sorten hinzugewonnen, und einige Arten sind erst seit wenigen Jahren in Kultur. Es gibt Geranienarten, die im Steingarten gehegt und gepflegt werden wollen und solche, die als robuste, großflächig zu verwendende Bodendecker nur hin und wieder gemäht werden müssen. Auch Arten für die heiße, trockene Südlage und solche, die noch im tiefen Schatten wachsen sind vertreten. Unter diesen Gartenpflanzen ist noch so manche neue und überraschende Entdeckung möglich. Das Buch gibt einen inspirierenden Überblick über die Möglichkeiten dieser faszinierenden Gattung, es stellt die wichtigen Arten und Sorten für den Garten vor, beschreibt Verwendungsmöglichkeiten und informiert über Pflege, Pflanzung und Züchtung.

Zum Autor: Coen Jansen ist Inhaber einer Staudengärtnerei in Holland und als engagierter Pflanzenkenner bekannt.

GERANIUM FÜR DEN GARTEN. *Coen Jansen. 1997. 144 Seiten, 118 Farbfotos, 31 Zeichnungen und Pflanzpläne. ISBN 3-8001-6613-5*